U0458191

J. I. 巴刻 / 著   孙为鲲 / 译

J. I. Packer

清教徒 肖像
——论清教徒典范牧者与教牧经典

PURITAN PORTRAITS
On Selected Classic Pastors and Pastoral Classics

上海三联书店

Puritan Portraits

On Selected Classic Pastors and Pastoral Classics

我的写作生涯

（代中文版序）

时不时有人会请教我：如何成为一名作家。梦想着出书的人以为我曾经与他们一样想当作家，而且找到了某种神奇的套路把书写出来。但我想，我的回答会让他们失望，因我从未想过要成为一名作家（我成为作家是出于神意的偶然）。我能帮助他们的，最多是解释我实际辛苦写作过程中所获得的感悟。那么我学到了什么呢？不过是三条规则而已。第一，有些值得说的话（或值得呈现的内容——若是写小说、传记或历史著作）。第二，了解你的目标读者，即你写作的对象，并且不断地问自己：这人对你刚写下的文字会作何反应？第三，在你思想和写作主题允许的范围内，尽可能让句子简短易懂，栩栩如生。这些是写作的沟通技巧，世上没有什么神奇套路，可以使你精通此道；只有不断自我批评并付出辛劳，方可做到这一点。

我开始出书的过程说明了这一点。回到二十世纪五十年代后期的英国，福音派信仰正受到新教自由派领袖的攻击。他们将福音派信仰称为基要主义（英国福音派人士决不会用这个词自表身份），他们批评它，说它缺乏学术水准，说它褊狭，因此在教会内外影响恶劣。我曾经被邀请在一次主题为

"狭隘思想抑或狭窄道路？"（Narrow Mind or Narrow Way?）的会议上发言，回击这种批判。会后不久，会议组织者寄来我的发言记录，请我将它变成一篇六千字的小册子发表。但是我希望让自己对圣经权威的声明足够有说服力，并且把批评者也纳入目标读者之列，在他们面前提出论据，清楚指出他们的错误，因此就需要长得多的篇幅。最终出版的是一篇六万字的论文，出版社给它定名为《基要主义与神的道》("Fundamentalism" and the Word of God)。这个书名使我的写作看似在回应当时一本流行的批评性著作《基要主义与神的教会》(Fundamentalism and the Church of God)。这本书销量很大，我想这是该书主题使然，而且目前仍在印行。从那时开始，许多出版社一直请我为他们写书。

回溯 1958 年《基要主义与神的道》出版以来我的作品，我发现可以分为四类。它们论述的是我作为基督徒、牧师和神学教师生涯中主要关注的内容。对于每一方面，我会稍加阐述。

1. 圣经的权威。圣经正典都是上帝的默示；当每一条圣经教导按其自然含义来理解，当所有圣经教导合成了文献所要求的连贯整体的时候，圣经教导就是从上帝而来的真理，由上帝赐下，为了塑造我们的信仰，引导我们的生活；许多世纪前圣经作者奉上帝的名向他们同时代人所说的话，上帝每一刻都在向我们说。在现代之前，教会一致接受这些信念。小时候我并不相信这些，但在我 1944 年归信后不久，上帝就使我对这一点确信无疑。从那日直到如今，我一直努力捍卫和宣告圣经的权威。我把这一点看作是一切纯正神学、一切忠心讲道、一切真基督徒的信念与生活、一切真敬拜，以及信徒一切确据和盼望的基础性原则。加尔文以下这番话，对此问题的本质作了经典陈述：

> 那些内心被圣灵教导的人都真正地倚靠圣经，而圣经则是自我印证的……我们应当确信圣经的教导，而这确信是借着圣灵的印证而得的……我们确信（就好像我们直接仰望上帝自己的威严那样）人的传教事工传给我们的话语也完全是从上帝口中出来的……在此我所说的是每一位信徒内心的经验，虽然我的言语无法贴切地描述。（《基督教要义》I：7：5）

除了《基要主义与神的道》，我写的《神已经说话》（God Has Spoken）、《恩典与能力》（Grace and Power）、《字里藏珍》（God's Words）这几本书，以及许多文章和小册子，都在努力确立这一立场：正统基督教信仰的根基，是教导上帝笔之于书的话语，上帝的话语将关于基督的全备真理呈现在我们眼前。

2. 基督徒生活。成为真正的基督徒之初，我就感受到一些压力：我们应如何加深人与上帝的关系？今天这些问题被称为灵性问题：人如何能更好地与上帝同行？更讨上帝喜悦？更经常与上帝相交？更有力地抵挡试探？更在恩典中长进？被圣灵充满？等等。我慢慢发现，在二十一世纪的教会，这些已经变成了不那么受关注的问题，而我想要呼吁人们重新关注这些问题。出于这种关切，我写了《重寻圣洁》（*Rediscovering Holiness*）、《活在圣灵中》（*Keep in Step with the Spirit*）、《软弱之道》（*Weakness is the Way*）、《喜乐终老》（*Finishing Our Course with Joy*），另外还有三本与卡罗琳·奈斯特龙（Carolyn Nystrom）合写的著作：《信有蓝天》（*Never Beyond Hope*）、《点燃祷告之火》（*Praying*）和《寻求引导》（*The Will of God*，初版时书名为《保守我，引导我》[*Guard Us，Guide Us*]）。

3. **清教徒传统**。在我基督徒人生的开始阶段，出于闲暇时的兴趣，我读了一本小书，作者是十七世纪的约翰·欧文，此人我之前从未听闻。这本小书的标题是：《论治死信徒身上的罪》（*Of the Mortification of Sin in Believers*）。它讨论了一个当时困扰我的难题，但从标题我却看不出来（因他用的"治死"一词，当时我还感到很陌生）。阅读本书使我的许多思想得到重整，让我看到我需要认识和践行的许多事，是我从前根本不知道的，因对我进行门徒培训的人从未提过这些事情。这经历令我深信，在基督徒灵修这个领域，清教徒是遭人遗忘的大师，而当代的导师经常在这方面不知头绪，我要承认，我如今仍是这么认为。在进一步研究清教徒灵修作品的过程中，我自己获益匪浅，并在适当的时候发表了研究著作。我盼望这些作品可以让这些清教徒牧师为人所知，让人看到书中所包含的智慧，并知道我们今日如何、为何需要这智慧。这一类作品有《寻求敬虔》（A Quest for Godliness，本书是对清教徒卓越之处的纵览，在英国以《置身上帝的巨人中间》［Among God's Giants］为题出版）、《清教徒肖像》（Puritan Portraits，对主要清教徒牧师的描述）、《理查德·巴克斯特思想中关乎人之救赎和恢复的观念》（The Redemption and Restoration of Man in the thought of Richard Baxter），以及《圣化的伤恸》（A Grief Sanctified，我编著的巴克斯特关于丧妻之痛的感人回忆录，附带论述清教徒理想婚姻和清教徒处理伤恸的文章）。我继续对清教徒推崇有加，视他们为基督教界与上帝相交的卓越导师。

4. 要理问答和要理问答教育。要理问答是使人作主门徒的一个层面，不管是自由派还是保守派，新教（更正教）人士忽视这种教育已逾一个世纪。结果就是，今天整体会众的信仰教育严重不足，令人悲叹。诚然，近年来查经小组在各间教会蓬勃兴起，但这与要理问答教育是两回事，它们并没有同样的教育果效。所谓要理问答，即对教会成员和慕道友就教会所领受的圣经信仰进行系统的教导，这是基督教最初几个世纪各地通行的做法。这一传统在改教家和清教徒的年代再次被恢复，那时许多优秀的要理问答得以印行发表。今天我们需要重拾这种做法——我心怀感恩地留意到，人们好像已经开始做这事。我在侍奉初期认识到这种需要，因此写了几本书。我盼望这些书能够成为恢复要理问答教育所使用的资料。它们包括《在基督里长进》（Growing in Christ，本书是对使徒信经、主祷文、十诫和洗礼之约的基本诠释）、《基督徒须知》（I Want to be a Christian，这是前本书的一个早期版本）、《认识神》（Knowing God）、《认识基督教信仰》（Knowing Christianity）、《简明神学》（Concise Theology）、《虔敬的奥秘》（Taking God Seriously）。另外还有与盖里·帕雷特（Gary Parrett）合著的《立定根基》（Grounded in the Gospel，一本研究要理问答原则和步骤的书）。最近我也有幸和一些人一起为北美圣公会联会（the Anglican Communion in North America）撰写一份全面的新版要理问答，其标题为《做个基督徒》（To Be a Christian）。只要一息尚存，我会继续为此大声疾呼：在所有教会重新开展针对每一个会友（不分老少）的要理问答教育。

巴　刻

写于 2015 年 3 月

目录

前言

　　如果今天你得到一本注明属于灵修类，或是在图书市场上被归为灵修类的书籍，相信你绝对不会认为，这样的书中会包含教义性和历史性的解经讲章和论文。今天，包含这类内容的书籍从不会被归入灵修类作品，而那些自称属于灵修类的书，一般情况下其内容只是关于日常生活的默想和祷告，除此以外并没有其他所指。这种现象有什么不正常吗？我认为确实如此。

　　在我看来，这样的现实实际上反映着信徒普遍对何为"委身上帝"*持以人为中心并且简化的理解。与许多历史

---

* 一方面，巴刻认为今天的灵修类（devotional）著作过于狭隘，清教徒牧者的讲道和圣经注释也可以纳入其中；另一方面，"devotion"（敬虔、委身）一词在十六世纪以后日益指向世俗的事物，巴刻认为需要重新回到"向上帝敬拜、委身"的信仰意涵上来。——译者注

上的基督教词汇一样，"委身"一词的含义今日也被贬低并世俗化了。人们现在可以随意地将这个词与自己的配偶或孩子放在一块儿，与一个奋斗目标，或是与某人的工作联系在一起，然而你却很少听到人们需要向上帝委身。为什么会出现这样的情况呢？是我们不再像属灵的先辈那样委身上帝了，还是我们将自己的委身掩饰成了一种前人从未体验过的形式了？无论是出于何种原因，今天我们对于灵修一词的理解已经被大大简化了。然而在以往，它却意味着信徒完全投靠、仰赖圣父、圣子、圣灵三位一体的上帝，尽心、尽性、尽意、尽力地爱他并忠心于他；并以一心一意地赞美上帝、讨他喜悦作为我们人生最重要的事。此外，委身还有一层内涵，即信徒渴慕从研读圣经和解经中获取那属天的智慧。讲道与委身曾经有着密切的联系：牧者忠于圣经的教导，让会众获得了那唯一值得全然信靠、默想并实践的真理；与此同时，所有忠实的信徒也都对本于圣经的真理传讲充满了渴慕，他们深知唯有如此自己的生命才能被塑造成形，让他们在与上帝亲密相交的同时，也能与自己的家人、朋友、同事以及他人建立起美好的关系。

这种以牧者的释经为基础，鼓励信徒委身上帝的著作，在过去曾经让无数的信徒渴慕和欢迎。司布真（C. H. Spurgeon）当年的讲道文就是一例，他在四十余年的教牧事奉中致力于向世人阐明基督的救赎恩典，其相关的论述涵盖了基督教教义、伦理和属灵生活的方方面面。马太·亨利(Matthew Henry)关于圣经的注释,也完美地结合了他对基督徒生命实践全面而深刻的讨论。此外,我们还能在许多清教徒讲道性质的作品中看到这类例子。在本书中,我将向读者推荐其中几部经典著作。

难道我们可以将司布真的讲道文、马太·亨利的圣经注释、斯蒂芬·查诺克(Stephen Charnock)关于**上帝的存在与属性**的浩繁讲道,以及其他清教徒牧者的释经著作称为灵修著作吗? 我想大多数人并不这么认为,然而,我却坚持所有人都应如此。在我看来,它们是真正的灵修著作。因此,我请本书每一位读者从一开始便将清教徒牧者的书当作教导信徒如何委身上帝的灵修著作来看待。同时,我也盼望你在读完本书之后,能够确信事实的确如此。最后,如果本书也被看作一本介绍其他灵修著作及其作者的灵修作品,那将是我最大的满足。

巴　刻

2012 年 5 月

第一部分

仍在发光的清教徒牧者

一

　　本书将会把焦点放在清教徒牧者的生命见证和他们所传讲的信息上。有人可能会立即发问道：这群已经成为过往历史的人和今天的我们有什么关系？曾经的清教徒不就是一群傲慢刻板的偏执狂吗？并且清教徒运动的年代（1560 至 1710 年的一个半世纪）早已远去，那时距离工业革命还很遥远，而信息技术主宰了当今文明。对如此久远时代的追忆，于当下的我们而言，能有什么帮助？清教主义（puritanism）似乎并没有不断以决定性的方式改变西方社会。不仅如此，普遍被人们作为一段西方文化记忆来理解的清教主义，在今天已经成为一种抱残守缺、消极压抑之生活方式的代名词。自十七世纪末起，清教主义显然已被西方社会摒弃。事实难道不是如此吗？清教主义，无论该如何定义，不都已成为一段尘封往事，被人们遗忘了吗？谈到清教徒的信仰，即使在当年有过什么积极的意义，然而时至今日它与我们还能有丝毫关联吗？

　　当然有关联。有一句谚语提醒我们不要将孩子和洗澡水一同倒掉。但事实上这正是绝大多数新教（更正教）教会近三个世纪以来对待清教徒属灵遗产的态度,而结果无疑是令人遗憾的。不可否认,清教徒运动有许多"洗澡水"需要摒弃,但清教主义对基督教信仰的深刻洞见却应为教会所珍视。清教徒认为,基督徒生命实际上是顺服和盼望的有机组合,它以在基督里并借着基督获得的自由,以及支撑与上帝亲密相交之恩典的应许为根基。清教主义将这些方面的真理密切地整合在一起,积累形成了极其宝贵的属灵财富,然而今日的教会却对此熟视无睹,这实在令人唏嘘不已。这些清教徒所发掘的信仰精髓本应成为今天牧师们教导的核心,遗憾的是他们没有去教导。其结果直接导致了今日教会讲台的贫乏和荒凉。今天,有太多的牧者不清楚该如何教导会众那关乎圣洁和敬虔的真理。教会中许多信徒相当迷惘,不晓得如何具体描述、向人推荐以及活出基督徒的生命。要医治这些属灵顽疾,我们实在需要抓住清教主义的核心。

圣经中有以撒重新挖掘父亲亚伯拉罕所凿水井的一幕,那些水井一度被非利士人掩埋(创26:18)。本书将会帮助我们清晰地看到,以撒的所作所为应成为我们效法的榜样,重挖清教徒的智慧深泉,汲取福音真理、福音恩典和福音生命。我的计划是介绍几位历史上最为卓越的清教徒真理教师。为了给他们的信仰肖像装上镜框,我需要首先勾勒出他们身处其中的清教徒运动的动态画面。

首先,我们需要看到,那些置身于这场运动的人从未称呼过自己为清教徒,也不喜欢别人给他们贴上这样的标签。

因为这个名称在他们看来,正如一直以来它所意表的内涵一样,有某种侮辱性的意味。这个称呼暗含着莎士比亚笔下托比·培尔契在马伏里奥身上发现的那种法利赛人式的尖刻,此外,还隐含一种对英国国教的不忠,以及脱离国教的潜在期望。事实上,当日这些为主大发热心的弟兄,除了使用"敬虔信徒"与"主内弟兄"这样的称号以外,再没有使用其他的名号来称呼自己以及自己所投身的运动。当时他们形成了一些具有号召力的非正式团体,致力于拓展上帝国度在英格兰的疆界,期盼上帝的荣耀因此彰显的共识成为连接他们的纽带。讲道,祷告,关于国度主题的交谈,有序的家庭生活,严守主日,是这群人的显著标志。这群人在牧者层面集合了各行各业的代表,他们以各自不同的方式努力追求着共同目标。这群人的积极火热引起了周围人的关注,也引起那些不愿认同他们目标的人的敌意。但是毫不夸大地说,1560—1660 年间,在英格兰信仰生活中,清教徒运动一路领先。

当年兴起的清教徒运动,有两个方面的主要关注和行动。其一是他们担忧英国国教的组织架构——从《公祷书》(*Book of Common Prayer*)到教阶制度。清教徒力图依循其他国家新教教会的做法来革除英国国教的种种弊端,然而他们的所有期望几乎都是国家教会名义上的最高领袖伊丽莎白女王所不准备变革的;其二,也是更关切的方面,是想将英格兰转变为一种充满活力的福音信仰,并且清教徒们认为可以通过在各教区积极有效的服侍来达成这样的目标。当年，绝大多数的清教徒对这两项议程都抱有极大的热忱，然而在具体实践中却偏重其一。在本书中，我们主要关注第二个领域。

伊丽莎白女王治下的英格兰尚处于农业社会，数千教区中的绝大多数信徒都属文盲。因袭宗教改革之前的光景，英格兰全国上下遍布着顽固的宗教保守主义，对于伊丽莎白的信仰统一措施的态度大体上是漠不关心的。然而，也许这就是上帝的心意，他让英格兰文化拥有一些极不寻常的特质：深信在每个生命中都有圣洁上帝信实的作为；高举圣经的权威，虽然一度上帝的圣言囿于拉丁文的局限，但在当时已有圣经英文译本出现，这让英格兰所有立志认识真理的人都获得了阅读上帝话语的机会；甘心乐意顺服教会牧者的权柄，只要教牧人员在传讲和教导上帝真理的职分上忠于职守（其实不是所有牧者都是如此）。此外，当时英格兰的法律也要求所有公民必须出席教会的崇拜。这一切都为清教徒牧者当年大有果效的服侍提供了有利条件。

十六世纪末十七世纪初，清教徒运动中那些致力于变革国教会的人士已经取得了不小的进展。他们在讲台上不遗余力地宣讲，以期修订甚至废除《公祷书》，让长老会的治理模式在全国施行，争取不参与那些在他们看来只会助长不信的仪式，并且可以在公众中开展募捐，为在各大学培训教牧人员筹备资金。这群清教徒还试图在本土组织系列的圣经真理教导大会(Prophesyings),使之成为教会生活的正常部分,还有人明智地(或不明智地)尝试对教士阶层进行讽刺(一系列马普瑞雷特小册子[Marprelate tracts]的地下出版)。然而,最终这些努力均告失败,清教徒运动因此一度陷入弹尽粮绝、士气低落、无心恋战的阶段。然而随着改革国教的脚步放缓,清教徒门徒培训的果效却初见起色。这样的事工始于 1570 年,那时有一位名叫理查德·格林汉姆(Richard Greenham)的青年大学教师,他决定离开剑桥到一个紧邻剑桥、名叫德赖德雷顿的教区作乡村牧师。在那里身兼传道人、牧师和属灵协谈者的格林汉姆展开了大能的服侍,一时间他在英格兰东部成了家喻户晓的人物。与此同时,格林汉姆也着手为那些学习教牧侍奉的人员建立了门徒培训的体系。这些学员同他生活在一起,在他的亲自监督下,共同参与各种服侍。经过一段时间之后,这些学员便能凭借着从格林汉姆那里获得的经验和智慧,开始自己的教牧事奉。

格林汉姆的做法引发了众人争相效仿,并产生了深远的属灵影响。格林汉姆的学生中,有一位名叫亨利·史密斯(Henry Smith),他忠心的传道侍奉多年以来在伦敦被传为佳话。与此同时,威廉·帕金斯(William Perkins,格林汉姆在剑桥的同事,以写作速度快、表达清晰而闻名)在 1580 年也开始撰写有关信徒信仰生活的系列灵修作品,以此引导普通大众在日常生活中彰显在耶稣基督里的生命。这些作品填补了空白,以前从未有过类似的作品存在。这类著作的广泛阅读也形成了清教徒的一项传统,即对任何识字的信徒而言,他们都需要具备一种有益、可贵且必须的习惯:阅读"敬虔的好书"。

清教徒在撰写某部作品时,都期待能涵盖自己所看到基督徒生活的所有方面。在那个书籍没有封皮的年代,从清教徒作品的书名页中,我们就能发现这一点。举例而言,理查德·罗杰斯(Richard Rogers)在 1603 年出版了一本书,书名是《来自圣经、引导信徒不光在今生,也在永生得享真幸福的七篇论文;人们可将此称为基督教的信仰实践,其内容对所有渴慕活出基督的人都是有益的;更具体而言,所有的真信徒都可以从中学到如何在每日生活中敬虔度日,得享安息》(1630 年,第八版)。在超乎想象的短时间内,当年的清教徒创作了大量此类短篇著作,指导信徒如何去过敬虔生活,并且形成了一套清教徒自己的文库。这种书最初通常都是清教徒的讲道文,后经出版商集合成册,涵盖了教义与信仰实践等多方面的内容。对于视自己的人生如同属灵战场的清教徒而言(这一点正如约翰·班扬[John Bunyan]在他的名著《天路历程》[Pilgrim's Progress]中所描绘的),这些教导是不可或缺的。1673 年,在《基督徒生活指南》(Christian Directory)这部巨著中,理查德·巴克斯特(Richard Baxter)专门列出了一份传道人必读的"最基本书库名目"。他提到了五十八位"热忱且务实"的英格兰作

者,鼓励一切有可能成为传道人的读者,尽其所能地去阅读
这些人的著作。这里的"热忱"意表这些作者能够通过丰富
的想象和激动人心的言辞,激起读者心中为主奉献的热忱;
而"务实"则与今天的含义相同,就是让我们看到信徒当有
怎样的信仰和行为。巴克斯特所推荐的是关于教义、职责
和信仰委身的基督教通俗作品。正是借助这个清教徒的文
库,今天的我们才得以真实地领略到清教徒牧者在教牧服
侍中的特别卓越之处。

二

清教徒传统(Puritan Christianity)对待信仰的态度极为
严谨,这一点我们从理查德·罗杰斯给一位贵族领主的回
信中就能得见。这位领主抱怨理查德在信仰上太过严谨,
对此理查德回复道:"哦,先生,我所事奉的就是一位严谨的
上帝。"很多清教徒,无论是平信徒还是教牧人员,都有记录
日志的习惯,他们此举的目的就是要锻炼自己内在的诚实,
在属灵的事上不自欺,以及与上帝亲密同行。清教徒牧者
对于自己的呼召也极为看重,威廉·帕金斯书桌前就有一
块装饰牌,其上刻着"你是上帝话语的仆人,留心你所做
的",这实在可以成为他们严肃对待上帝呼召的写照。此
外,清教徒牧者在履行牧养教会成员的责任方面,可以说是
最纯粹的务实主义者。他们以引导每个成员因信在基督里

得蒙拯救作为自己的目标,并据此来制定自己在教区的牧养策略。清教徒牧者会把福音宣讲放在他们事工的首位,因为他们深信上帝在他的计划中主要是以福音的宣讲作为施恩的渠道,进而拯救灵魂。宣讲服侍之外,仍有另外两项事工作为其有力支撑,一项是教理问答,另一项是教牧辅导。两者结合在一起,极大地拓展了教会讲台的影响。

教理问答在清教徒牧者看来是一门特殊的课程,它通过问答的形式来教导信徒最基本的基督教信条。十六、十七世纪所有新教教会的领袖都一致认同对信徒进行从儿童到成人的教理问答训练,视其为教会生活不可或缺的一部分,深信它是教会得以延续下去的基础。当时所有教理问答的要点,都集中在使徒信经所传达的教义、十诫所显明的责任以及主祷文所反映的祈祷规范上。在英国国教《公祷书》中就有一份儿童教理问答,它要求牧师与孩童的父母以及教父母一同教导孩童,而孩童也只有在掌握了教理问答之后,才有资格受坚信礼、领圣餐。此外,为了让少年人和成年人更深入地在基本信仰要理和信仰生活上长进,英国国教还在 1570 年之后采用了由亚历山大·诺维尔(Alexander Nowell)编写的大、小教理问答,作为半官方性质的文本。除了这些材料以外,清教徒牧者还自行编写了许多合乎正统的教理问答,表明他们视正确完备的教理问答何等必要和重要。因为在清教徒看来,信心正是建立在对一系列真理的认识之上,即有关上帝属性、耶稣基督位格以及福音本质的知识。教理问答的目的是在信徒心中打下了信仰的认知基础,为他们走上信心生活铺平了道路。

另一项可以用现代词汇"辅导"(counseling)来描述的清教徒事工,是牧师与信徒一对一的协谈。清教徒将此事工描述为"安慰那些受伤的灵魂"。他们将此事工类比为医生对患者所作的医治:诊断出问题所在,并为那需要医治的人提供康复的方案。为了完成这样的工作,牧师需要对属灵的病理学有深入的研究,要了解导致一个人灵魂疾病的内部和外部的压力。为此,牧师需要从一开始就非常清楚属灵健康的要素。清教徒牧者从新约圣经的教导中提炼出了属灵健康的要素:借着善行所彰显的以基督为中心的信心、盼望和爱心;内在的确信、平安与喜乐;发自内心、恒久不变的感恩与赞美;对上帝国度与荣耀的渴慕,以及随之而来忠心且大能的服侍。与属灵健康相对的属灵疾病则呈现出:怀疑、灰心、恐惧、怨恨、冷漠,以及令自己深陷试探、无法自拔的痛苦;缺乏勇气、毅力与热诚;骄傲、色欲、贪婪、苦毒、不满、自私、自怜、摇摆不定与自我放纵等类的症状。今天为人们所熟悉的各式抑郁(depression)大致等同于清教徒时代所说的忧郁(melancholy),它们的出现要么直接源于其他原因,要么是其他原因与上述属灵疾病共同导致。

清教徒牧者之所以能够让那些在灵里经受不安与痛苦的人恢复平安、盼望和喜乐,并能重新得力、服侍基督,其根源首先在于他们对人内心的愁苦有着深入的体察和认知。

无论这样的问题表现在肉体或精神的层面，还是反映在人神关系的属灵层面，清教徒牧者总能准确地找到症结。其次，在于他们对人性的完全堕落有着深刻的认识，并因此深知任何人都无法通过自身的义行实现自我救赎，而是唯有倚靠上帝在基督耶稣里白白赐下的恩典。因为唯独倚靠基督的死，我们的罪债才能被涂抹，并且唯独倚靠基督复活的大能，罪人才能胜过自己生命中罪恶的权势。第三，在于清教徒牧者对于上帝的作为有着深刻的洞察：上帝在基督里借着耶稣基督，恢复了我们里面上帝的形象。与此同时，清教徒牧者看明魔鬼撒但的伎俩，它所要做的就是千方百计来拦阻我们亲近上帝、以上帝为乐，并企图永远切断我们与上帝的联系。第四，在于清教徒牧者对于真假信仰的判断十分准确到位，而当时的英国信徒正面对着良莠不齐的信仰格局。清教徒牧者深信是上帝将服侍信众的责任交托了自己，是上帝亲自呼召他们去帮助那些处在软弱艰难中的灵魂脱离撒但的辖制，胜过诱惑；帮助他们即使在困难的处境中承受各样的压力和艰难，却始终服在上帝的权柄之下。为了让那些被捆绑的灵魂重新恢复属灵生命的活力，清教徒牧者通常采用一个基本的方案：找出软弱信徒生命中那些不信和抵挡上帝的意念，并帮助他们加以弃绝；鼓励他们更多参与团契生活，与众肢体一同赞美主；避免个人的自闭与离群索居；常常回想上帝在圣经中的应许。清教徒牧者在属灵医治方面如同技艺精湛的医生，会根据软弱信徒特定的问题来改变自己辅导的策略。在这方面理查德·格林汉姆是名副其实的开创者和权威,他的经验、方法和成功率足以使他成为那整整一代辅导型清教徒牧者中的楷模。

对于之前列举的清教徒牧者之所以能够取得成功的第三、第四项原因,下面还要再做一些补充。

对于魔鬼和三一上帝在信徒生命中不断争战的属灵事实,清教徒牧者具有敏锐的意识。他们常常将信徒的生命比喻为一个战场,在他们看来,上帝在这个战场上所做的就是指挥、命令他的儿女服从他的命令,相信他的应许,并接受他的警告,而撒但所做的就是一刻不停地抵挡上帝的旨意,以期通过欺骗和迷惑让那些从自己手中被上帝夺回的人再一次堕入他罪恶的权势之下,从而让上帝的话语归于徒然。那些心灵忧伤的人常常或是因为不确定自己是否最终会得蒙上帝的拯救而犹豫怀疑,或是因为不确信自己是否在蒙拣选和呼召者之列,进而在抵达天堂前得蒙上帝的保守和看顾。在内心深处他们迫切地渴望得到上帝在基督里对他们过往罪恶的赦免,同时他们也盼望着在当下和未来能够靠主活出敬虔的生命。对于这样的人,牧者所能给予最大的帮助,莫过于让他们分辨并欣然接纳上帝已在他们身上带来的转变,并坚固他们的心志,无论遭遇何等艰难险阻,都要将这种转变持续地活出来。

有关虚假的信仰,清教徒牧者大体将其定义为一切外在虚伪行为与迷信观念的混杂,这样的信仰不可能带来基督所成就的那种个人与上帝之间信心的连结，也不可能带来圣灵的内住，以及他在信徒生命中成就的重生和更新。尽管如此，当年清教徒一谈起虚假的信仰，通常仍是把矛头指向自己所理解的罗马天主教，将其作为负面的典型。用他们的话来说，当时英国乡村的许多底层民众仍被天主教的陋习所禁锢，因此我们不应惊讶，反天主教经常成为清教徒牧者以及当时其他英国教牧人员所共同发出的强音——只是清教徒牧者批评的声音更大。不管是对是错，清教徒大体上将天主教视为以靠好行为称义为准则，并因此对其竭力排斥。如同当日的马丁·路德，他们认为靠行为称义是堕落人类的自然宗教，每个渴慕主耶稣基督救赎恩典的人都会对其轻视远离。

三

据说，悲剧的本质是对善的耗费，无论是实际的善或是潜在之善。根据这个定义，清教主义的死亡无疑是最纯粹的悲剧。清教徒运动也曾风起云涌，那场运动曾让一群人集结在一起，为着自己的理想积极地寻求变革。正如我们所看到的，清教徒运动历经了一个世纪之久，以追求圣洁为旗帜，在两条战线上不断推进：在伊丽莎白时期，清教徒运动以圣洁的敬拜为主要诉求，致力于对圣公会的现状进行改革；在詹姆斯一世和查理一世时期，清教徒运动将建立敬虔的教区群体作为其主要目标；在英国内战以及共和时期，清教徒运动对以上两项目标同时并重。然而到了英王复辟、英国国教恢复之后，清教徒运动却被政府自上而下有针对性的行动所湮灭，其原因很显然是因为当局担心国家再一次出现动荡。最终，清教徒通过一百年所建立的基业，仅仅在二十五年之内就被拆毁。执政者耸动民意，制造公众对清教徒的敌意，并让他们相信清教徒是一群蓄意制造社会动乱的离经叛道者，借此让民众心甘情愿地欢迎旧秩序的回归。1662 年《统一法令》(Act of Uniformity) 要求所有在重建的圣公会内服侍的神职人员承诺放弃对英王任何形式的背叛（这当然也包括所追加的对内战时期议会所作所为的定罪，而当年有众多牧者都支持过议会）；紧接着，教牧人员还要认同在当时被略加修改的《公祷书》（显然这些修改仍无法满足清教徒的意愿）无须再做更多的改动；最后，所有的教牧人员只有在接受圣公会的任命后才具备服侍资格（自从 1645 年废除国教会以来，这种任命要求一直未实行）。有近两千名清教徒牧者因照着良心无法接受这些条件而被解除了教区的牧职。英国还通过进一步的国会立法来限制清教徒运动，禁止清教徒牧者聚集会众，也禁止普通人参加清教徒牧者招聚的集会。在之后的二十多年中，有近两万名清教徒，其中多数是平信徒，因为违反了这些法律而被监禁。这是英国最后一段实施宗教迫害的时期，也因其旷日持久而最臭名昭著。

1689 年,奥兰治的威廉(William of Orange)登基成为英王,《宽容法案》出台,此时的清教徒运动已经失去了实际上作为一个运动进行延续的能力。清教徒被分散在全国各地,各自组成了一些不从国教的独立教会,游走在圣公会和英国社会的边缘。

遭遇边缘化的原因之一在于,在国教恢复之时,牛津和剑桥两所大学要求所招学生像对国教会牧师要求的那样全盘认同国教,否则将予以开除。尽管如此,一些因 1662 年《统一法令》而被革职的清教徒牧者仍自行开办了学校,其中有一些达到了大学的水平,能够为教牧侍奉提供完整的学术准备。有了这种培养渠道,不从国教的教会完全实现了自给自足的牧养,并与网络覆盖全国的圣公会形成了泾渭分明的分立局面。可谓不幸的是,在十八世纪三十年代怀特菲尔德(Whitefield)和卫斯理兄弟(Wesleys)掀起基督徒圣洁生活大复兴的时候,不从国教者对于这场运动却深表怀疑,不相信这场信仰复兴具有长久的生命力,因而很大程度上未涉身其中。尽管没有信仰复兴运动参与者的帮助,他们仍得以坚守自己的信仰。

四

对于持续不断的教会生活而言,无论是在过去还是现在,清教主义最为重要的贡献无疑是清教徒的文字遗产。

正如已经表明的,清教徒极为看重文字出版的影响,同时他们也发现了英国国内对灵修作品的需要。因此在十六世纪末,清教徒牧者中拥有写作恩赐的人便奋力笔耕,以满足这种需要。威廉·帕金斯便是这方面的先行者,而在他之后更是人才辈出。在我们结束对清教徒牧者的素描之前,让我再来对他们卷帙浩繁的著作进行一些讨论。

首先要说的是从十九世纪中叶开始,教会中断断续续地不时响起推崇清教主义的声音,大量清教徒的作品被印制出来。众多清教徒牧者,其中包括理查德·巴克斯特、约翰·欧文(John Owen)、托马斯·古德温(Thomas Goodwin)、理查德·薛伯斯(Richard Sibbes)、斯蒂芬·查诺克、约翰·班扬、托马斯·曼顿(Thomas Manton)、约翰·弗拉维尔(John Flavel)、威廉·古诺(William Gurnall)、约翰·豪依(John Howe)的作品,经过修订摆上了当代信徒的书架。清教徒书籍的再版者以修订清教徒作品中的文字语法为己任,尽管这样做会对原著的风貌造成一些表面的改动,但却极大地方便了现代读者了解这些清教徒的思想,因此我们理应对这群出版者的努力报以感谢。

这些清教徒牧者全集版本的出现,让一些曾经不可能做到的事成为可能,这包括评估每一位清教徒牧者的全部著作,贯穿于他们著作的关键主题,以及其中的交互引用。这些工作为相关的博士论文准备了第一手的材料,时至今日已有大量博士论文出现。

　　尽管这类研究非常有价值,然而它却容易使人忽略一个事实,即绝大多数清教徒牧者的作品都有具体针对性。如果说清教徒牧者的著作都是他们业余时间所为这种说法并不完全正确,那么我们至少可以说,他们的写作都是在首先完成传讲福音、关怀会众以及应对各种教牧紧急事务之后进行的。清教徒牧者并非职业作家,他们视写作本质上作为他们不断对灵魂进行牧养工作的辅助,并且有时作为一种延伸。

　　其次要说的是,经过研究,人们发现,大量的清教徒灵修著作都是由他们最初撰写的讲章稍作修改而成。伊丽莎白统治下的英国国教(从那时开始)要求所有的传道人都要撰写讲章,并记住其内容,因此传道人在台上犹如背台词的演员一般,在讲道时要背诵讲章。这样的讲道中,传道人也会有片刻的情感流露,但传道人的讲道辞却不是凭着个人即兴的感动,他们所说的都是凭记忆回想之前撰写好的讲章。清教徒牧者并没有打破这种模式,但显然他们会在某些特定的情况下绕过这些定式。据了解,格林汉姆在德赖德雷顿时会每周五天在上午六点向会众讲道,为此他需要四点就起床为讲道做准备,当他在讲道中激情四射时,可能思路会变得不那么清晰;显然他当时是凭借一个笼统的提纲甚或更为简化的文字,向那些乡村听众布道。理查德·巴克斯特在他六十多岁时要求所有有志于成为牧者的信徒,首先去作那些有经验的乡村传道人的学徒,从他们那里

认识自己所要委身的侍奉,并通过实习使自己在教导会众
的即兴表达方面做到清晰、有力。尽管如此,对于教会的城
市讲台而言,在整个清教徒运动时期,牧师和演讲者(聘用
的讲道者,以补充教区牧师讲道上的缺欠)还是需要将他们
的讲道全部写成文字,并且这些牧者通常习惯于针对某节、
某段经文或某个主题进行系列的讲道。于是,在他们完成
讲道之后,许多的讲道专集便应运而生了,为之后的成书铺
平了道路。以这种方式,清教徒牧者可以在很短的时间内
便将大量讲道材料出版成书。

　　然而这还不是事情的全貌。清教徒的教理问答以及诸
如亚瑟·丹特(Arthur Dent)所著《普通人通往天堂的道路》
(*The Plain Man's Pathway to Heaven*,1601 年初版,1704
年第四十版)这样的教理问答类作品,就是专门为出版而写
作的。约翰·班扬的寓言类作品(最为著名的有《天路历
程》,1678 年出版了第一部分,1684 年出版了第二部分;
1682 年的《灵魂城圣战》[*The Holy War*],1680 年的《恶人
传》[*The Life and Death of Mr. Badman*]),以及他几乎所有
别的著作也是这样。一些学者型的清教徒牧者,如约翰·
欧文和理查德·巴克斯特,也会写书来直接回应其他人的
著作。清教徒的著作尽管有不同的成书方式,然而在一点
上是一致的,即这些书籍不单单以圣经为基础,还要适合于
拓展和加深信徒对于圣父、圣子和圣灵的认识,帮助读者在
蒙恩之道上更得造就。可以说,这个关注点形成了清教徒

教牧著作的独特风格。

在很大程度上,清教徒们是在神学上同质的思想流派。若有人想要去了解这些指导他们思考、激发他们热心的信念,最简单的方法就是去考察《威斯敏斯特小教理问答》。1648 年苏格兰教会总会把这本著作描述为"一本专为那些信仰上较弱之人撰写的教理问答指南","信仰上较弱之人"意即儿童和那些因各种原因在信仰上还停留在初信阶段的成年人。这本书有一百零七个简洁的问答,加上支持经文,所有内容的长度按照通常书籍版式的编排不会超过三十页,然而正是这本短小的著作却构成了清教神学的精华。这本小教理问答论及:上帝的属性;创造;护理;人的罪;恩典之约;主耶稣基督,他是我们道成肉身的救赎者,是我们的先知、祭司和君王,甘心降卑却最终被上帝所高升;上帝对信徒拯救的有效呼召,以及得救之人在恩典中的生命;作为伦理基础的十诫;信心,悔改,以及圣礼;祷告,特别是主祷文。这些论述构成了清教徒救恩论的框架,同时也是"热忱且务实"的清教徒牧者不断考察的真理领域。他们深信这些教义是圣经教导的精华所在,圣经正典的所有内容都在反映着这些真理。这些真理是福音的核心,新约、旧约对此也给予了一致的见证。对于那些怀着开放心态阅读圣经的人,这些真理将会带领他们深入地自省、自责并将自己交托给复活的耶稣基督。这些教义让人颇感亲切熟悉,因为这就是主流的基督教所有重要信仰告白所持守的认信,以清教徒的标准来看只是在精准度上有所差异罢了。有些信徒读到这里,也许会认为自己已经了解清教徒们的贡献,因此也无须再去读他们的著作。但事实上,清教徒对于这些基督教的核心真理的领会,具有一种特质,可以说对于任何读者——无论他处在怎样的信仰阶段——都会带来极为丰盛的祝福,因此也值得我们为之投入全备的关注。

这种讨论中的特质是一种认知分析的透彻性。这种透彻性一方面源于清教徒对于圣经本质的认识,另一方面源于他们对教会会众信心光景的把握。在这里,我们很有必要对这两方面加以探讨。

如同加尔文(John Calvin)和作为一个整体的宗教改革神学家们一样,清教徒也认为圣经由两种密不可分的内容组成。其一是人类丰富多样的见证,自上帝创造这个世界之初,到主耶稣基督的降生、受死、复活、作王掌权之间,人类故事中的罪和恩典。而另一部分内容则是上帝自己的见证,就是圣灵借着人做见证的那些话语,为的就是要让我们这些基督的仆人,知晓他对这个世界的计划以及他对万事的超然护理。以清教徒的方式来阐释圣经中相辅相成的双重见证,是由威廉·帕金斯《先知讲道之法》(*Art of Prophesying* , 1595)开创了先河。这部著作是第一本关于讲道事工的指南。这种双重圣经见证之后也在《威斯敏斯特公共崇拜指南》(Westminster Directory for Public Worship,

1645)中被奉为标准,而且在清教徒运动时期出现在众多论述和著作中。这种方法首先从经文"举起"——也就是说,提取——教义,这些是关于上帝和人类相互关系的真理,之后来解释这些真理,最后教导信众将这些真理应用在实际生活之中。

以此为基础,清教徒特有的那种穷理尽性的态度找到了施展的舞台。他们通常可以从一节经文中总结出几条教义。对每条教义的诠释又会与另外的教义相关联,这会耗费时间和/或篇幅。最后,他们又会从新的角度拓展应用,以此来满足各种受众的需要(首先是听众)。可见,圣经中的一节经文在清教徒牧者那里,可以引申出极为丰富的神学含义。

帕金斯在阐述如何应用时,区分了七种反应不同的听道者。第一种是那些对真理既无知又置若罔闻的听众,牧师必须用福音的信息激动、唤醒他们的良心,让他们感受到扎心之痛;第二种听众虽然对真理无知,但却愿意受教,对于这样的听众,需要教理问答式的应用,让他们看到与他们得救有关的教义如何与整个信仰之框架相关联;第三种听众是那些在知识上对信仰有所了解,但却不愿意真正委身信仰的人,他们需要被上帝的律法所降服而悔改;第四种听众是那些意识到自己的罪,并畏惧上帝的审判的人,应用必须能够将他们带到被钉十架的主面前,让他们借着福音看到那位充满怜恤、乐意施恩的耶稣基督;第五种听众是那些需要在主的恩典上扎根建造的人,他们需要更深地认识到上帝是如何施恩来让自己的儿女称义、成圣并得蒙保守的；第六种听众是那些已经归信了基督，然而却一时在道德上滑跌，被某些特别的罪所辖制的信徒，他们需要听到上帝愿意施恩饶恕、与人恢复关系；第七种听众是那些在真理上含混不清(困惑的？糊涂的?)的人，他们需要能够帮助他们解决问题的应用，这一点正如我们之前所强调的。对真理的各种应用都必须严格依从教会所持守的教义，很显然，在一次讲道中牧者无法将所有关于真理的应用都阐释出来。然而平均而言，清教徒讲道大约有一半的内容都是关于如何应用真理，并且在一位普通清教徒牧者的服侍生涯中，会时常覆盖应用的方方面面。"洞察入微"这个词最终能够用以概括这种应用方法的特征。

在使用不同的对策将圣经真理注入人心的过程中，清教徒牧者向我们显明了他们所特有的那种认知透彻性。这种特质是他们的文化风格，他们以系统的方式鉴察人心。借助圣经的教导和自身的信仰经历，他们会竭力去揭露人心中那些败坏的欲望和阴暗的动机，促使受罪蒙骗之人面对他们自己，弃绝他们里面伪装成某种美德或智慧的道德缺陷和不诚实。对于这类问题，清教徒牧者倚靠圣经所显明的教义，以它们作为灵魂的手术刀或探照灯，刺入剖开人内心的幽暗，洞察罪在我们灵性系统盘踞的方式，并有针对性地引入耶稣基督的恩典。唯有借此罪人心中才能生出真正的反省、痛彻的悔改，以及从此以后与各样的罪争战到底的勇气。由此可见，正如我们已经指出的，尽管清教主义涉及诸多方面，但究其本质就是一场追求圣洁的运动。清教徒牧者从未忽视这个事实，即凡基督所拯救的人，都蒙召要活出与之相称的圣洁生命。清教徒牧者华尔特·马歇尔（Walter Marshall）将此称为"福音成圣的奥秘"（the gospel mystery of sanctification）。对这一点的强调，是清教徒文字遗产一以贯之的特色和推力。

五

正如我们在上文中所清楚看到的，清教徒的基本思维模式，是强烈地意识到上帝在周围世界的有力临在。在他们看来，上帝的临在不只彰显于上帝所创造并维系的世界，同时也显明在每个个体生命的经验之中。任何个体都是从自身开始经历到上帝同在的作为，然后在与之交往的其他个体身上看到上帝的信实。这种大而可畏的上帝随时可能临到的强烈意识，似乎在十五世纪末的西欧初现端倪，并可以确定在十六、十七世纪的英格兰极为盛行。要探寻其中的原因，我们需要去追溯当时那段风起云涌的历史：在改教运动期间，从亨利八世时期到伊丽莎白女王时期，有超过三百名新教徒殉道；从丁道尔（William Tyndale）的圣经译本，到日内瓦圣经，再到1611年英王钦定版圣经，随着高品质圣经译本的问世，关于上帝的真知识也在民众中得以传播；由克兰麦主持修订的《公祷书》同样高举圣经的权威，每一个主日都被英格兰全境的教会所诵读；约翰·福克斯所著的影响广泛的《伟绩与丰碑》(Acts and Momuments,之后出版的《殉道史》[Book of Martyrs]是其精简版)，戏剧性地叙述了有关生命和死亡、恶棍和英雄的故事；以及生活在罗马天主教为了维护自己在欧洲大陆的信仰而持续进行的武力威胁的影响之下。这些因素共同形成的张力是清教徒时期英国社会的一个特征。跟其他人相比，清教徒在当时对这种张力有更为强烈的感受。与此同时，不知是否与这些因素相关(没有人能得出确切的结论)，英语的表现力和带动情感的能力得到了当时最杰出诗人(如莎士比亚、马洛[Marlowe]、斯宾塞[Spenser]、多恩[Donne]、弥尔顿[Milton])的大力发掘。这种语言上的提升显然大为促进了英国社会人际关系上的敏锐与活力，而这种发展到了一定的时候又转而对清教徒牧者的讲台侍奉和教牧辅导产生积极的影响。所有清教徒的倡导都意在尽一切可能让人们去正视上帝无法逃避的临近。这位上帝必将光照、察明我们心中一切的隐情，他既是公义的审判者，又是慈爱的救赎主，借着他的爱子耶稣基督，他既要定世人的罪，又要将得蒙称义的救恩赐给他们。而这位圣子耶稣基督也是绝不容忽视的，他呼召我们，命令我们过圣洁的生活，并应许赐下他的看顾、保守和末后的奖赏。

成熟的清教徒牧者的讲道风格以"平实"著称，这也从一个侧面反映了当时语言的变化。在伊丽莎白女王统治末期,各种别出心裁的表达和修辞使华丽的文风盛行一时,认为经过文辞修饰上帝之道或上帝话语更能震撼人心,而采用此方式的讲道者也更加能够荣耀上帝。这种华丽文风最为著名的代表就是兰斯洛特·安德鲁斯主教(Bishop Lancelot Andrewes),以及伦敦圣保罗大教堂的教长约翰·多恩(John Donne)。然而在清教徒看来,讲道者的这种才华展示只会令他们传讲的信息黯然失色。清教徒牧者所看重的是强有力的表达,它给人带来的冲击就像有人猛拍你家的大门,向你大喊房子着火了一般。巴克斯特在为《论人的归信》(*Treatise of Conversion*, 1657)一书所作的自序中对这种更强烈切身的危机感,做出了最为经典的表达:

当牧者表达至关重要的信息时,那些最为直白的话语往往会带来最佳的效果……若是灵里饥渴的读者把注意力放在辞藻的修饰和语言的精妙上,到最后极有可能只会被那些无关宏旨的事物所牵引而错失了真正的珍宝;然而,如果这样的读者听到或读到的是一篇立意明确、文字精练的讲章,他就不会被内容所牵引或缠累。事实上,精致的修辞往往妨碍了真理的运行,变成了真理与心灵之间的隔阂,令听众以幻想取代了真相,让真理显得像这种文风一样浮华。如果看到有人落入水火之中,我们所要做的不是考虑如何在救人时仍保持自己的翩翩风度，而是毫不犹豫地伸手拉他出来……当上帝让我的心第一次因着这些真理火热起来，并让我重新严肃地进入信仰时，我永远不会忘记内心的那种感动。当我读到一本像《安德鲁斯主教讲道集》这样的书，或是听到这样的讲道时，我丝毫感觉不到其中的生命，在我看来，他们所做的就是在玩弄神圣的事物……然而唯有那种敢直面问题、单刀直入的讲道者才具有这种敬虔的悲悯（火热为主的迫切）……他们的话语带着生命、亮光和意义，并且也只有这样的作品才能真正让我的灵魂感到欣喜快慰。我不得不承认，自己现在虽然比以前更加赏识准确和精练，然而一直以来我所最为关注的却是讲台信息的庄严与直白。此外，无论是在听道还是在阅读中，我都能清楚地感到自己对那些自作聪明的修辞充满了鄙夷，它们表现出的不过是人自视甚高的愚蠢罢了……就像一位演员或莫里斯舞者（morris-dancer）* 与一个战士或国王相去甚远一样，那些自以为是的讲道者与基督信实、忠心的仆人亦是天差地别。而且正是因为前者在讲台上的表现更像演员而非传道人，因此他们的听众通常也将讲道视作儿戏，而非领受来自天上的上帝的关乎他们灵魂生死的信息。

---

* 莫里斯舞（morris dance）是一种古老而神秘的英国传统舞蹈。——编者注

从以上的内容中我们看到,清教徒所追求的理想就是要在这世上为上帝代言,成为他忠心的教师、牧者、基督的使者、属灵的医生、灵魂的向导、上帝的传令官、心灵的鉴察者以及真理的劝说者。但在此我们不要产生误解。清教徒的风格尽管有很强的说教性,然而它却绝非缺乏想象力、空洞乏味。相反,清教徒的讲道和文章明快有力,形象动人,在上下文严谨的论证中常常会爆发出惊人的能量,并且总是发人深省和言辞峻切。这样的讲道绝不可能是漫不经心、草率敷衍的,也绝不会让听众昏昏欲睡。他们讲道的目的就是要让信徒铭记、默想、讨论并应用。因此,我们不难理解清教徒牧者为什么会用许多标题来注明讲道文各部分的内容,以及他们为什么会鼓励听众记听道笔记。正如我们之前所看到的,清教徒相信上帝特别会通过讲道临近信众,帮助信徒去相信、悔改、转变以及过圣洁的生活。为了达成这个神圣可畏的目标,讲道者解经和应用的风格必须配合讲道处境,必须尽可能直接和易记,正如上面已经指出来的。那些不畏挑战、在讲台上彰显出上帝同在的清教徒牧者是"大有能力"的,而这种能力在几百年之后的今天仍能通过他们的著作传递给我们,这实在值得我们感恩。

现在,所有这些将引导我们进入本书的第二部分。

第二部分

七位清教徒牧者肖像

几年前,Christian Focus 出版社启动了一个名为"基督教属灵遗产"(Christian Heritage series)的平装丛书项目,其中每本书都是一位清教徒思想伟人的传世经典灵修著作。我受出版方的邀请为该项目的每本书作序,带领读者回顾作者的信仰人生,介绍这些清教徒灵修著作及其对今日基督徒的价值。不得不说,这样的工作对我而言是一份挑战。丛书中的清教徒作者并非由我选定,但我非常欣赏出版方所确定的人物,并由衷地认同撰文纪念这些作者,评述他们的作品及其历史贡献。盼望我为每本书所写的序言能够帮助今日读者回到清教徒当年的处境中,从而对他们的灵修著作和人生见证有深入的认识。下面你将会逐篇读到这些重印的序文,其内容在我来看是对本书第一部分从总体上介绍清教徒牧者文章的具体深化。然而,脱离了原书的文本,这些序文不免显得孤立、单薄。因此,一个人只有在读了那些序言所指向的相关清教徒经典,再回过头来看我想要表达的内容之后,才能充分理解这些序言的内涵。然而,如果非要将这些序文单独列出的话,我认为它们实际上还是能够从内容上补充我上文所论述的。这个系列丛书的书名如下:

1. 亨利·斯库格尔,《人灵魂中的上帝生命》
   (Henry Scougal, *The Life of God in the Soul of Man*)

2. 斯蒂芬·查诺克,《被钉十架的基督》
   (Stephen Charnock, *Christ Crucified*)

3. 约翰·班扬,《奔走天路》
   (John Bunyan, *The Heavenly Footman*)

4. 马太·亨利,《敬虔生活的喜乐》
   (Matthew Henry, *The Pleasantness of a Religious Life*)

5. 约翰·欧文,《治死罪》
   (John Owen, *The Mortification of Sin*)

6. 约翰·弗拉维尔,《保守你心》
   (John Flavel, *Keeping the Heart*)

7. 托马斯·波士顿,《得人如得鱼的艺术》《人生必经的崎岖挫折》《悔改得生》
   (Thomas Boston, *The Art of Man-Fishing*, *The Crook in the Lot*, *Repentance*)

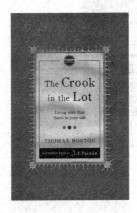

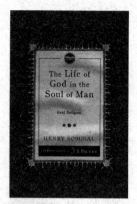

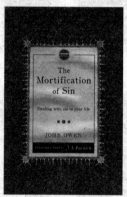

The Life of God in the Soul of Man

Real Religion

• • •

HENRY SCOUGAL

INTRODUCTION BY J. I. PACKER

第一章
亨利·斯库格尔：
《人灵魂中的上帝生命》

"在上帝让我得到这本伟大的著作之前，对于真正的信仰，我可以说是一无所知。"乔治·怀特菲尔德（George Whitefield）如此说。

如果有一本书能得到怀特菲尔德这位属灵伟人如此高的评价，我们对其报以肃然起敬的态度则必然是明智之举。怀特菲尔德是谁？与他同时代的人称他为"伟大的巡回传道人"，然而他最重要的身份是十八世纪基督教在西方世界全面复兴的开路先锋和见证人。这场信仰复兴塑造了大西洋两岸英语世界其后一百多年的社会形态，并孕育了十九、二十世纪兴起的全球性福音宣教运动。

那场划时代的信仰大复兴涌现出了许多值得称道的教

会领袖,但是在他们当中有四位里程碑式的巨人,不光在自己所身处的时代,更是在他们身后的几百年留下了不朽的影响,他们是:杰出的组织者、教育家、教牧领袖、时事评论家或社会改革家和护教家约翰·卫斯理(John Wesley);他的弟弟,写作基督徒经验的卓越诗人查尔斯·卫斯理(Charles Wesley);美国最伟大的神学家乔纳森·爱德华兹(Jonathan Edwards);以及在某种意义上领衔于这些伟人的怀特菲尔德,直到1770年逝世,终其一生他都被视为整个信仰复兴运动的核心人物。他是首位传讲圣灵重生带来生命更新之信息、首位公开布道并宣称这个世界都是他所服侍之教区、首位出版记录上帝借着自己所成就事工之日志、首位建立机构培育那些因他的福音事工而归信的人。怀特菲尔德的足迹遍布了英国和北美殖民地,一生不知倦怠地传讲基督,吸引了大批听众,为基督赢得了数以千万计的灵魂并且影响了无数生命,他的声誉地位在我们的时代也只有葛培理(Billy Graham)和教宗约翰·保罗二世(John Paul II)能够望其项背。有时人们会说,卫斯理给大众信仰带来的更新使英格兰避免了法国式流血革命。如果这种说法能够成立的话,怀特菲尔德更有理由因着他更广的服侍和更强的讲台影响,而得到人们更高的推崇。我们所身处的时代,对于真信仰的构成要素这一问题的不确定和怀疑,可能已超过了基督教产生以来的任何时代。对于这种有关基督教根基的问题,亨利·斯库格尔的这本篇幅短小的著作曾让怀特菲尔德这样的属灵伟人获得了豁然开朗的领悟，因此也一定值得我们去阅读和聆听书中的教诲。

从某种意义上讲，亨利·斯库格尔对于"真信仰"（这一表述意指真正的基督教，后来为怀特菲尔德所响应）的见解，可以说是大西洋英国一侧的信仰复兴种子的第一次萌芽。这本书最初在牛津大学的圣洁会（Holy Club）中广受青睐，卫斯理兄弟与怀特菲尔德的首次相会正是在那里。半个世纪以来，英格兰各地纷纷建立起各种基督教团体，作为对教区教会礼拜日事工的补充。这些团体的会员通常在周间聚集，一同祷告、讨论并研读各种灵修著作（敬虔的好书）。被戏称为"圣洁会"的信仰团体由约翰·卫斯理带领，卫斯理当时是一名圣公会按立牧师，同时还是林肯学院的院事。圣洁会成为牛津大学的一道奇景，因为在此之前牛津从未出现过这样的信仰团体。圣洁会中的十多位成员火热地追求实践真信仰，他们严谨克己的作风在牛津为人所共知。那时的怀特菲尔德还是一位来自格罗斯特的大一新生，身材高大、相貌英俊、口才出众。为了支付自己的学费，作为彭布罗克学院的工读生的怀特菲尔德，做一些卑微的杂活。圣洁会的口碑吸引他慕名而来，作为会员之一的查尔斯·卫斯理对这位年轻人极为欣赏。正是通过查尔斯·卫斯理，怀特菲尔德读到了斯库格尔的书，并深深地被震撼。斯库格尔的书搅动了怀特菲尔德的心，让他开始切慕自己的灵魂中能有上帝的生命，甚至为此而坐卧不安。经过这种发自灵魂深处的渴慕和寻求,怀特菲尔德获得了一种平安与确据,他终于确信自己因着耶稣基督的恩典已经"被赎、得医治、被洗净、蒙赦免了",并且无比真实地经历到了上帝所赐的重生。

我曾听到一位基督徒见证道:"当信仰对我而言不再是一种宗教责任而成为内心的喜乐时,我知道我被改变了。"我相信怀特菲尔德也会做出如此的表述,因为这也是他真实的经历。被按立为牧师后,怀特菲尔德就开始传讲重生作为进入真信仰的入口,这一点正如斯库格尔所描述的一样,而正是这样的信息引发了英国信仰大复兴的浪潮。如果没有斯库格尔,这一切可能不会发生。

怀特菲尔德具体从斯库格尔那里学到了什么?用一句话来概括,就是本于圣经的内在且超然的敬虔。斯库格尔的这种生命见证并非他所独有,在宗教改革冲突之后的一个世纪中,英国的清教徒如帕金斯、欧文、巴克斯特,圣公会"圣洁生命派"的代表杰里米·泰勒(Jeremy Taylor),路德宗敬虔派的约翰内斯·亚仁特(Johannes Arndt),以及一些罗马天主教的教师,如罗耀拉的伊格纳修(Ignatius of Loyola)、圣方济沙雷(Francis de Sales)、阿维拉的特蕾莎(Teresa of Avila)以及十架约翰(John of the Cross),都已将关注的重心转向真实的基督徒内在生命,以至于今天的学者会谈及十七世纪灵修的复兴。因为对内在生命的关注,宗教改革关于教会、圣礼、称义以及权柄的各种论战很大程

度上退居幕后。靠着圣灵与圣父、圣子的合一以及通过操
练敬虔来活出恒忍之爱与舍己的谦卑，成为共同的主题。
斯库格尔作为一位向主全然委身的圣徒，能够从关于"人灵
魂中的上帝生命"相当类似的丰富思想遗产中，汲取营养。
由此我们不难理解，为什么年仅二十六岁的斯库格尔能够
对信徒属灵生命的实质获得如此权威、成熟、准确的见解。
诚然，斯库格尔聪慧且早熟（他在十九岁时就担任阿伯丁大
学[Aberdeen University]的哲学教授，为期四年）；诚然，他
是忠心牧者的后代，成长于敬虔家庭的熏陶之下，并且似乎
在自己年少时就有一颗愿意回应上帝的心。但即便如此，
如果离开了他身后十七世纪那些伟大的属灵智慧，斯库格
尔几乎不可能写出这本短小精悍的传世经典。

斯库格尔的一生是短暂的。他出生于 1650 年，1673
年接受按立成为一名乡村教区的牧师。在一个乡村教区服
侍的一年里，无论是讲台侍奉、教理问答、主持崇拜，他都用
圣洁的生命成就了大能的服侍。1674 年，他成为阿伯丁大
学的神学教授，在那里他孜孜不倦地将自己的心血倾注在
对神学生的督导和栽培上，强调教牧工作的重要性，借给学
生书籍并以多种方式帮助他们。十九世纪曾重新出版过一
本怀特菲尔德的讲道集，颇具洞见的编者给这本讲道集取
名为《灵命复兴的清教徒》(*The Revived Puritan*)。斯库格
尔是另一位配得上这样称号的圣公会信徒。1678 年，他死
于肺结核病。

斯库格尔曾如此宣称:"通过自身的经验,基督徒均会晓得真正的信仰在于自己的灵魂与上帝的联合,让自己的生命与上帝的圣洁有份,让他的形象刻印在自己的灵魂深处,用使徒的话来说,这就是'叫基督成形在我们心里'(加4:19)。"这就是"生命"的真谛,上帝的生命在信徒心中的内住,让他们自发地热情回应福音中所显明的上帝的恩典。斯库格尔称此为"一种内在、自由并自我驱动的律……一种指教和激励我们的新性情"。这种新生命通过爱、纯洁和谦卑这三种最重要的美德彰显出来,同时这三者也都是信心所结出的果实。"对上帝的信心……一种内心的知觉,或说感受到自己信服属灵真理;信心将自己延伸到全部有关上帝的真理;然而,因着我们本性堕落的光景,信心又与上帝经由中保基督向罪人所宣告的怜悯及和好,具有一种特殊的关系。因此……通常又被称为'对耶稣基督的信心'。"因此,之前所说的三种美德自身可以以这种方式来表达,即将行为视为态度的外在结果,将态度视为内在动机的外在表现。鉴于此,斯库格尔对这三种美德做出了如下定义。

爱,就其本质而言,就是对上帝的爱。它"对上帝的完美满心欢喜,让一个信徒能够心甘乐意地放下自己的意志,并将自己全然交托在上帝手中,除了与上帝团契和相交以外,再没有任何其他的事物可以让他得着满足。这样的信徒随时做好了为主受苦或为主的喜悦做任何事的准备……一个人的心中一旦充满了这种对上帝的爱,他必然会将这样的爱扩大到所有人类……这是博爱。一切公义的要求，以及一切我们对邻舍所当尽的义务都为这种爱所特别涵盖。那些对世人能够实践如此之爱的人……绝无可能恶待、伤害任何人……他会憎恨一切临到他人的罪恶，仿佛这些罪恶是发生在自己身上一样"。

纯洁，意味着"从身体中适当的抽离，对肉体内在欲望的掌控"。具有这种倾向和性情的人，会鄙视并弃绝所有罪中之乐和与此相关的想象。这些罪恶的事物，只会减弱我们爱慕更圣洁和智慧之事（即那些以上帝为中心的、合乎理性的思想）的欢乐。也意味着信徒坚定心志，在履行自己的责任时不惧任何艰难：可见这种美德不但包含忠贞和节制，同时也包含基督教的无畏和宽宏。

谦卑，意味着信徒"对自身极为可悲光景的深刻省察，发自内心、满怀感恩地承认自己一切的可夸之处都是出于上帝丰盛的恩典。与这种谦卑的美德相伴的是信徒对上帝旨意的完全顺服，以及对于地上荣华和世人称赞的全然漠视"。

斯库格尔说"这些美德正是在信徒的灵魂中所安放的天堂的根基"，正如当下此刻这些美德是信徒真正学像基督的基本要素。在这本书的其余部分，斯库格尔推崇这些美德，他鼓励信徒借助恩典之道（即默想、祷告和圣餐）来培养自己悔改和克己的习惯，从而让这三种美德在信徒的个人生命中茁壮生长。

斯库格尔从未忽视对真信仰之内在性的思考。在他看来,这是一种始于圣徒内心的生命状态。他也从未忽视过这样的事实: 内在的敬虔是一种超自然的产物,"这一切都是出于上帝的作为,是他借着圣灵的大能在人的心中所成就的"。因此,斯库格尔没有落入那些今日基督徒教导中普遍存在的通病,如靠自己不靠上帝、仅仅关注外在的行为、信仰难以深入、以自我为中心、追求个人成就等。斯库格尔深知,我们需要适当的方法才能让一个人的生命发生真正的改变,然而他同时也明白,如果离开了上帝恩典的作为,任何方法都将无济于事。在此基础上,斯库格尔极为平衡地描绘出一条生命被主改变的路径。

读过《人灵魂中的上帝生命》这本书的信徒,也许会对斯库格尔没能以基督为中心更充分地展开论述而稍感遗憾。然而我们要看到,与众多十七世纪作者一样,斯库格尔也会先入为主地认为他的读者均对耶稣有全备的认识。因此,他们仅需要明白什么是真信仰,什么是活出信仰的生命,以及什么是转向对上帝的全然信靠,并以此来反对正统主义、形式主义、唯情感论和律法主义——它们徒有基督教的外表,实质上是否定基督教。试想一下,如果在书中斯库格尔能对信徒与基督的合一进行具体阐述(新约称这种合一为圣灵重生的工作);如果他能对信徒如何在主复活的生命上与他联合给予解释(唯有借着这种联合,基督那渴望去认识、爱慕、取悦、尊崇、荣耀天父的真挚情感才能进入罪人

心中，从而也成为他们自己最深的愿望）；如果他能以书写
的形式指出，在服侍上帝和他人的过程中，效法基督的目标
和态度对重生之人而言是最为自然、甚至唯一自然的生活
方式，但对于未经历重生的人却毫无可能；如果以上这些方
面都能包含在斯库格尔的书中，那么毫无疑问，他这本小书
的影响力将更加无可限量。对于在信徒灵魂中的上帝的生
命，斯库格尔的描述很完整，而对以下问题的回答却稍逊一
筹——"我如何才能进入上帝的生命"，或者说"上帝的生命
如何才能进入到我里面"。这是他这本著作的局限所在。

　　尽管如此，我们却绝不应忽视斯库格尔在这本书中对
信徒内心被恩典更新之法的阐述。在这方面，他特别引导
我们默想——也就是说，不断思考——"这世上一切享受欢
娱的空虚短暂"，认识基督教的真理以及在我们主耶稣基督
拯救大工中所彰显的上帝的救赎之爱。同样不容我们忽视
的是，斯库格尔力劝我们要驯服己心，他强烈要求我们去形
成行为习惯，仿佛心灵已被更新，即使内心尚未出现这样的
更新也要如此。斯库格尔如此教导，并不是让我们过"虚有
其表"的生活，而是提醒我们，这样做是为了向上帝证明自
己对于内心被主更新有着严肃真诚的渴慕。他之所以如此
劝勉，是因为他深知上帝会鉴察信徒的动机是否真诚，以此
作为他是否垂听他们祷告的依据。尽管如此，斯库格尔还
是应该将这些重要的信息与劝导信徒仰望那位又真又活的
基督相结合，帮助信徒去信靠主，等候主，直到最后能够确

信自己属主,主也属他。怀特菲尔德在自己无数次福音讲道的最后半小时中,一以贯之地宣告着这样的信息,而斯库格尔在自己的书中对此却没有提及。因此,在读过这本著作之后,人们很可能会觉得信徒敬虔的增长是一种自然的过程。这显然是这本书的不足之处。

最后,让我们更多地通过怀特菲尔德自己的见证,来认识斯库格尔这位属灵伟人带给他怎样的影响吧。怀特菲尔德的这番话出自他离世归主前最后一年的一篇讲道,有人将其记录下来,没有做任何修改。

我从十六岁时开始一周禁食两次,两次禁食加起来有三十六小时之长,每天祷告数次,每个主日都会去领圣餐。在大斋节期间的四十天内,我禁食到几乎要死。就是在这段时间里,我给自己定下了一项义务:除了每天七次的个人祷告,参加公共崇拜每天不得少于三次。然而,那时的我既不知道自己是否已被主所重生,也不知道自己是否需要这种从上帝而来的新生命,也就是那在基督耶稣里面被新造的生命。

在这里,我必须要提到我的老朋友查尔斯·卫斯理先生,在那个时候是他拿给了我一本名叫《人灵魂中的上帝生命》的书。正是透过这本书,上帝让我看到我需要经历重生,否则将被定罪。

有一个地方对我来说非常特殊，也许听起来不免有些迷信。然而，只要我来到牛津大学，我都会迫不及待地往那个耶稣基督首次向我显现并赐我重生的地方去……我永远记得，当时我内心是何等被主光照提升，又是何等在他面前战栗不安，就如同一个穷困潦倒的人不敢去看那记录着自己欠款的账簿，害怕面对自己已经倾家荡产的事实一样。我是否应该将那账簿烧毁呢？或是把它抛在地上？或是将它藏起来不被他人发现？还是去正视其中的记录？我选择了最后一种方式。那时，我手上拿着这本书向那掌管天地的主祷告说："主啊，如果我不是一名基督徒，如果我仅仅是徒有虚名，上帝啊，求你因着耶稣基督的缘故让我看到什么是真正的基督教，好让我在末日审判的时刻不至被你定罪。"我翻开这本书读了一点，看到作者这样的话：噢，那些对信仰稍有了解的人都知道与上帝的儿子联合、让基督成形在自己心中是多么地至关重要。噢，那是何等神圣的生命之光啊！我灵魂深处一切可悲的幽暗都被它所刺破驱散……从那时起，上帝一直在我的灵魂里施行他祝福的作为，而今年我已五十五岁了……亲爱的弟兄们，我要告诉你们，我越来越能够确信这就是上帝的真理。若是不认识它，你永远都不会得到耶稣基督的救恩……

上帝使用了斯库格尔，让他唤醒了那位带来信仰大觉醒的属灵伟人。这一切带给我们的启示正在于，今天被人问起仍能自称是基督徒的人，他们无疑也处在一个需要信仰觉醒的时代：这种觉醒正是上帝可以通过斯库格尔赐给他们的，只要他们全身心投入地来读这本写于十七世纪末、文笔优美的著作，让它向自己说话。真正的基督徒将会从斯库格尔的书中得到一种极其必要的提醒，即能够带出心灵和品格改变的信仰才是真实的，而所有自欺者则不得不去面对这样一个事实：那些还没有经历如此更新的人根本算不上基督徒。可以说，斯库格尔的教导正是一种福音的预工，可以让他们谦卑下来去细心聆听那福音的邀请。这邀请在今天正被许多人所忽略，因为他们并没有意识到自己多么需要听到这样的信息。同样，对于这福音的邀请，怀特菲尔德在上文提及的那次讲道的前后，如此描述道：

住在锡安山的罪人们，受了洗的异教徒，公开信仰却没有持守信仰的人们，徒有信仰形式的人们，信教却无信心的人们，言必称基督、言必称恩典的伪信徒们，教义上正统但生活上却离经叛道的人们，回转吧，回转吧，愿上帝帮助你向他回转，让你回到耶稣基督的面前，并愿上帝让你的心彻底被更新……愿那叫耶稣基督从死里复活的荣耀天父，也让你的灵魂从死亡的沉睡中苏醒过来！赞美主,那站在高天的耶稣正向你垂怜,并伸出双臂,现在要接纳你。你愿意跟随人子吗？愿意向基督敞开你的心吗？愿意去活出那新造的生命吗？愿上帝垂听你的祷告,并说阿们;愿上帝经过你身旁,以他的慈爱而非忿怒就近你……并对你们这些死在罪中的人说,来跟随我吧,在这世上活出那信靠我的生命,活出那属天的异象。愿主耶稣帮助我们,阿们。

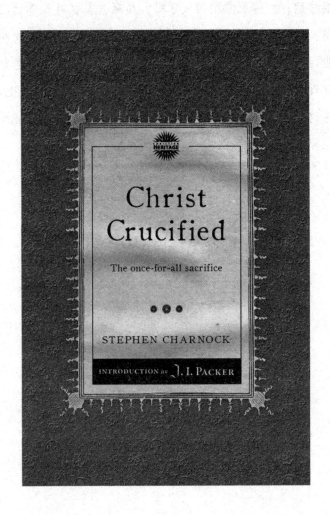

Christian HERITAGE

Christ Crucified

The once-for-all sacrifice

• • •

STEPHEN CHARNOCK

INTRODUCTION by J. I. PACKER

第二章
斯蒂芬·查诺克：
《被钉十架的基督》

　　基督教的中心事实是关于耶稣基督在历史中真实存在、永远存在以及所有人都不可回避要面对他：他是上帝的独生子，三位一体上帝中的圣子上帝，他也是将来要审判普天下所有人的那一位，新约福音称他为所有跟随他之人的救赎主和良朋密友。我们要清楚地看到，任何否认耶稣是道成肉身的上帝，否认他的十架受死、复活、掌权和再来的信仰，都不是基督教，不管否认这一点的那些教会内外的自由派人士会说些什么。

　　让我们重申，基督教的核心焦点就是对于那在十架上被钉死之基督既概念性又关系性的、既客观又个人性的认识。这样的知识既需要我们用头脑去思辨，也需要我们用心灵去爱慕,我们将因这种知识而获得一种全新的忠诚、全新的热爱和全新的生命。清教徒斯蒂芬·查诺克在自己的一本著作中对这一主题进行了阐述,下面我就来介绍这本著作。我们要清楚知道,如果没有这种知识,基督徒就不会存在,而忽略这种知识所带来的只有思想的混乱。

三百年前,查诺克服侍的那个年代,英国在名义上还是基督教国家。他能够指望在我刚表述的立场上存在大致的统一意见。与之相比,今天的基督教传播者不敢有此奢望。今天的人们(女权主义者希望我们表达为"男人和女人")一般都会将基督教视为一种道德规范而非关乎灵魂救恩的福音,耶稣在他们看来也不过是一位死去的教师,而非那永活的救主,他们将属灵的信仰生活作为一种为了实现自我提升而开展的新纪元式的冥思,而信仰委身则被视为关心此类事情之人的特殊嗜好。在这样的背景下,基督教的核心要义——诸如世人都活在上帝的同在之中,上帝的眼目遍察万物,有一天我们必将为自己一生所做的一切向他交账,以及因着罪的缘故,我们的人性已经败坏,因此我们迫切需要一位救主的拯救,这正如一位患脑瘤的病人需要外科医生的紧急手术一般——这些真理今天多数人从未想过。在这样的思想氛围下,无怪乎当今的基督徒会对自己信仰的核心内容产生困惑和不解。如果这也是我们的现状,我们就更有必要来倾听查诺克的信息。在所有的清教徒中,查诺克在直接谈论事情方面可以说是最干净利落和最有效率的。

查诺克相信,他同时代的读者对于他所论述的主题都抱有浓厚的兴趣,因此当他阐释这些主题时,他的读者都会聚精会神。当年,他的听众中很多都是"服侍卓有成效的牧者"(他著作的首批编者如此说),"他们都渴慕坐在他的脚前,因为他们从查诺克的一次讲道中所领受的教导,胜过他们从许多书或他人的讲道中所得到的。"[1] 今天,人们在一般的交流中很少会遇到像查诺克的文字这样让我们全神贯注的内容。因此,如果读他书的人不能沉下心来去严肃阅读,他们很快就会失去热情。盼望我的这篇序文能够激励人愿意走近认识查诺克,并在此过程中不至于因为各种困难而放弃。我所做的也许未必能达偿所愿,但我仍想努力尝试。接下来,首先让我们来进一步认识查诺克本人吧。

斯蒂芬·查诺克,1628—1680

查诺克出生于伦敦,十七世纪四十年代在剑桥大学经历了圣灵的重生。这位才华横溢的年轻人被寄予厚望,1655 年他被派往都柏林,担任爱尔兰总督奥利弗·克伦威尔(Oliver Cromwell)儿子亨利的私人牧师。在那里,查诺克作为传道者受到广泛赞誉。然而,英王查理二世 1660 年的复辟却终结了他在爱尔兰的服侍。后来,他一直没有得到公开的教牧委任,直到他受邀前往伦敦的克罗斯比大厅(Crosby Hall)与托马斯·华森(Thomas Watson)共同承担一间著名的不从国教教会的牧职。从 1675 年到 1680 年离世,查诺克人生的最后五年一直坚守这一职分。查诺克是一位极其勤奋好学的牧者,据说终身未婚的他通常每周五天都会投入到长达十二个小时的学习中,并将所有他计划公开传讲的信息撰写出来。查诺克似乎有意在克罗斯比大厅宣讲一套完整的系统性实践神学(如果我们非要给它起个名字的话),而他大量关于上帝存在和属性的未尽论述(超过六十万字,1864 年所出版的他的文集中一千余页小字印刷的内容),初步展示了这种神学。(据说,他在临终之时"仍然思考着在完成了对上帝怜悯、恩典和良善的论述之后,该进入什么主题"。[2])这些论述是特大号的清教徒讲章,每篇都在某节经文的基础上提出教义,进行推理(解经和立论),并以清教徒的标准方式给出应用。这种讲道以完整的篇幅计算,每次将会占用数个小时之久。也许当年查诺克所采用的正是这样的讲道方式。此外,在克罗斯比大厅服侍期间,查诺克记忆力和视力的衰退,都使他不得不通过放大镜来一字一句地诵读自己的讲章,而不能像在都柏林时那样即兴地向会众传讲真理。这些都可以让我们从某些侧面猜测到,为什么一向以能够对各种思想给出简明扼要阐释而著称的查诺克,其作品竟会在那个神学年代被许多人看为过于艰涩,难于领悟。与之相比,查诺克更小规模的关于基督之死的论述,行文就非常简洁流畅,对于今天有意阅读的读者,它们并不会有任何的阅读障碍。

基督的十字架

在本文开篇处我就曾强调，凡不承认主耶稣是道成肉身的上帝，不承认他曾受死、复活、掌权与再来，并且未聚焦于对基督被钉十字架的个人性认知，都不是基督教。我对于基督教的界定，尽管其措辞显得非常强硬，但仍是依照新约圣经的描述而做出的。新约圣经高举基督的十字架，作为福音的中枢和支撑。耶稣被钉十字架这一事件，为所有的罪人成就了一条与上帝和好的道路，上帝的能力因此得以覆蔽我们，并让我们获得了永恒荣耀的盼望，而这盼望远远超乎我们今生一切的所求所想。正如常被提及的，四部福音书正是关于耶稣受难的故事，具体的叙述告诉我们是什么原因导致了耶稣被钉十字架，这样在耶稣被钉时我们能够明白原因。马太、马可、路加、约翰这四位文笔精湛的作者，通过各种生动的细节描写和动人心弦的情节铺陈，使耶稣上十字架的一幕表现出比之前叙事和之后耶稣基督复活更为震撼的效果。也正因如此，耶稣基督的受难成为每部福音书毋庸置疑的高潮。《启示录》这卷书的主题显示了被钉十字架之主、那被杀之羔羊的双重得胜：他第一次降世为我们流出了赦罪的宝血，而他第二次的再来将完全更新受造的万物。教牧书信实际上可以看成是以书信形式写成的关于做门徒的讲章。在这些书信中，使徒针对信徒的信心（即信徒当有怎样的信念和仰靠）和行为（即信徒当有怎样的动机和作为)作出了规范性的教导,而耶稣的十字架仍然是这些教导最为核心与本质的信息。

具体而言,十字架是使徒在福音宣讲中所关切的目标("我们却是传钉十字架的基督",林前 1:23;参林前 1:18,2:2)。它是施恩的上帝在其永恒旨意中最关键的作为("你们得赎……不是凭着能坏的金银等物。乃是凭着基督的宝血,如同无瑕疵、无玷污的羔羊之血。基督在创世以前,是预先被神知道的,却在这末世,才为你们显现",彼前 1:18—20;参约 3:16 以下,10:14—18;加 4:4 以下)。它是为洗净人的罪而付出的代价("基督照圣经所说,为我们的罪死了",林前 15:3),平息了上帝向罪人所发的义怒("借着他在十字架上所流的血,成就了和平",西 1:20;参弗 2:18—20),确保我们在当下被上帝归算为义,被接纳为他的儿女,又让我们确信,身为上帝的后嗣,我们可以对未来存着盼望("现在我们既靠着他的血称义,就更要借着他免去神的忿怒",罗 5:9;"上帝既不爱惜自己的儿子为我们众人舍了,岂不也把万物和他一同白白地赐给我们吗",罗 8:32)。它是身为中保的圣子上帝主动的作为(基督的受难完全是他的行动),耶稣以此确立了自己作为救恩发起者的拯救角色,因此成为那使人得救之信心的对象也是合宜的("我如今在肉身活着,是因信神的儿子而活,他是爱我,为我舍己",加 2:20;"挽回祭是凭着耶稣的血,借着人的信",罗 3:25)。它是教会按照耶稣的命令持守的两项圣礼所指向的实体("我们是受洗归入他的死……我们借着洗礼归入死",罗6：3,4；"这是我的身体,为你们舍的……这杯是用我的血所立的新约。你们每逢喝的时候,要如此行,为的是记念我",林前11：24—25)。它为我们树立了舍己和谦卑的榜样("也要凭爱心行事,正如基督爱我们,为我们舍了自己",弗5：2；"主为我们舍命,我们从此就知道何为爱。我们也当为弟兄舍命",约壹3：16；"就自己卑微,存心顺服,以至于死,且死在十字架上",腓2：8)。它呼吁并激发信徒委身服侍上帝("你们不是自己的人。因为你们是重价买来的。所以要在你们的身子上荣耀神",林前6：19,20；"原来基督的爱激励我们……一人既替众人死,众人就都死了……是叫那些活着的人,不再为自己活,乃为替他们死而复活的主活",林后5：14,15)。它树立了面对敌意和痛苦当怎样忍耐的典范("因基督也为你们受过苦,给你们留下榜样,叫你们跟随他的脚踪行",彼前2：21；参来12：2以下)。

耶稣的十字架对于我们的意义还可以继续罗列下去,然而至此我们的结论已经非常明确了。信靠、爱慕、跟随耶稣,要求我们时刻仰望他的十字架。我们又真又活的主,命令我们去做那种天天背起自己十字架的门徒,具有清醒的头脑、丰富的见识和完全的忠心。"但我断不以别的夸口,只夸我们主耶稣基督的十字架。因这十字架,就我而论,世界已经钉在十字架上。就世界而论,我已经钉在十字架上。"(加6：14)我们的信仰必须通过十字架来塑造,唯有如此,我们的人生才能有真正彻底的改变。

高举基督的十字架

查诺克的释经尽管非常明晰、深入，然而有时还是让人觉得有些生硬、枯燥。这是因为他的风格非常侧重于理性分析，并且他的思路常常跳转很快，而他的表达又极为简洁。因此常常让人感觉他是在记录自己的释经笔记，而非写作释经的文字。他进行分析和整合的能力令人钦佩有加，然而他所阐释出的智慧和真理与我们的内心仍有段距离。正如他的肖像画所显示的那种瘦骨嶙峋的外貌特征[3]，查诺克的著作也让我们看到其思想的简练。在他看来，给作品加上血肉，以丰沛的情感去充实其思路，从而达到那种直击人心的震撼效果，这样的事情似乎更应该由他的读者而非他去完成。清教徒的理想是要成为那种"热忱且务实的牧者"，这意味着他们要在澄清观念、坚固心灵和安慰良心方面做到兼顾和平衡。在清教徒牧者中，查诺克的理性思辨能力居于前列，然而在激发读者想象力、触动他们心灵方面，查诺克却逊色于一些牧者。正是这样的原因使得作为传道人的查诺克与生命感性的一面略显疏远，无怪乎有些人会抱怨他的讲道满是"道德的规条或形而上的玄思"。[4]由此可见，查诺克的讲章丝毫不缺乏福音的信息，而是恰恰相反，他过于密集地去讲述了。很显然，在查诺克看来，让福音真理形象生动、深入人心地阐释出来，并不是他通过讲台修辞去达到的目标，而是其听众需要通过个人默想达成的。

在这本著作中，查诺克依次从几个方面详细阐述了"基督被钉十字架"的主题：这十字架是至尊、慈爱和公义的天父上帝所命定的；圣子承受了这十字架的刑罚，显明了基督的尊贵、顺服和苦痛；这十字架更新了我们与上帝之间的关系；靠近上帝让我们对上帝有更深的感恩、喜悦以及全面彻底的悔改与信靠；将圣洁作为生命的目标，将"安慰"（鼓励）作为生命的支撑，这些都是对被钉十字架的基督的认识所应该影响我们的。新教和清教徒对于基督在髑髅地十字架上刑罚代赎的理解，采用了直白简练的表述。然而这种认识不免过于骨感、生硬，我们需要投入热情。我们如何才能做到呢？以下是我的个人建议。在你开始读查诺克的著作之前，花一些时间来熟悉下面的三首赞美诗。它们都反映了信徒在默想主耶稣被钉十字架之时，那种内心深处的触动。让这些赞美诗刺透你，触动你，因为这正是创作者的意图所在。[5] 第一首诗歌在教会中广为流传，它是由身处清教徒运动末期的著名圣诗作者以撒·华滋（Issac Watts）所作：

每逢思念奇妙十架，

荣耀救主在上悬挂；

从前名利富足矜夸，

我看如土完全撇下。

求主禁我别有所夸，

只夸救主舍身十架；

基督为我献身流血，

我愿舍尽虚空荣华。

试看他头他足他手，

慈爱忧伤和血并流；

从前可曾爱忧交织？

荆棘可曾化作冕旒？

宇宙万物若归我有，

尽献所有何足报恩；

神圣大爱奇妙难测，

愿献我命我心我身。*

第二首诗歌同样出自以撒·华滋，尽管它不及第一首
流传广泛，但更震撼人心：

痛哉！我主身流宝血，

为何忍受死亡？

为何甘为卑微的我，

----

* 参见《生命圣诗》第 122 首《奇妙十架》，中文译词版权属宣道出版社所
有。——译者注

遍历痛苦忧伤？

救主忍痛十架之上，
果真为我罪您？
大哉慈悲！奇哉怜悯！
广哉主爱无边！

当主基督造物之主，
为众罪人受难，
红日自当掩蔽光辉，
黑暗包围圣范。

救主十架显现我前，
叫我羞惭掩面，
我心融化热烈感谢，
悲伤涕泪流涟。

纵使流泪，痛伤心怀，
难偿爱心之债！
我惟向主奉献身心，
稍报深恩为快。*

---

* 参见《颂主新歌》第 255 首《痛哉，主血倾流》，中文译词版权属浸信会出版
社所有。——译者注

第三首诗歌的作者是奥古斯都·托普雷迪(Augustus Toplady)。他是十九世纪的一名新教信徒,著名的诗歌《万古磐石》(Rock of Ages)正是出于他手。以下介绍的这首赞美诗,在今日的基督徒中并不非常出名。它谈及重生之人必然会经历到的自我怀疑与内在消沉。

我为什么忧惧疑惑?
神岂未曾将我罪过归他儿子身上?
主所为我还清的债,
公义的神能否再来要我重新清偿?

你的救赎永远完全,
你已还清每一文钱,
即我所有罪戾;
神的忿怒,不能威胁,
因我已经洒上宝血,
靠恩已经称义。

你既为我领得赦免,
你既给我白白恩典,
罪债一起清算;
神就不会两面讨偿:

先在我的中保身上，

又来要我归还。

所以我心，你当安息；

你的救主所有功绩

已使你得开释，

当信他的有效宝血，

不怕神再将你弃绝，

因主已为你死。*

现在，借着默想这些诗歌，将十字架的宝贵深深地印刻在你的思想和心灵之上。在此之后，让我们再来读查诺克的著作，探寻其中越发显明的全备神学。之前的铺垫会让你确信，你自己的思想是何等低微，上帝的意念是何等崇高。我相信，查诺克的论述一句句层次分明地推进，会点亮你的心，让你明白所感受的。最后，再次默想那些诗，在上帝面前向你自己详述这些诗关于查诺克论述中特别触动你之处都说了什么。当然，这仅仅是一个建议，你完全可以不予理会。然而，在你还没有尝试我的建议之前，请一定不要贸然指责他的文字枯燥乏味。这也是我写此序文唯一的期望。

---

* 参见《颂主圣歌》第 173 首《为何忧疑》，中文译词版权属香港证道出版社所有。——译者注

第三章
约翰·班扬：《奔走天路》

在摄影技术尚未问世的十七世纪，那些出身显赫和成就杰出的人士通常会由专业的艺术家将其肖像通过绘画或雕刻方式流传下来。这些艺术家——有意或无意地——几乎都极具想象，对于所描绘的对象都有不同的解读，他们将自己观察时认为自己看到的展现出来。因此，出于不同艺术家的同一人物肖像往往有着巨大的差异。幸存下来的班扬当年的两幅画像也是如此。其中一幅画像由托马斯·萨德勒(Thomas Sadler)创作，现在收藏于伦敦国家肖像馆，所画的是1685年五十六岁时的约翰·班扬。画像中的班扬身着讲道时的牧师服，手中拿着一本圣经，看起来严肃、信心坚定，并且处于压力之下。是的，这实在是一位几乎愁眉不展的约翰·班扬。从中你看到的是那位身为上帝信使的班扬正在直视着你,随时准备好要从讲台上向你传讲一篇切合实际又发人深省的道。然而在另一幅同一时期班扬的素描画像中,罗伯特·怀特(Robert White)却为我们展示了一幅颇为不同的画面,而据说这位画家擅长画和谐的人物肖像。怀特画笔下的班扬,一如萨德勒所描绘的,也直视着我们,然而却是以不同的方式:此处的班扬有着轻松柔和的表情,似笑又止的神态,他内心世界丰富并且平静安宁,随时准备与我们分享他的人生经历。

这两幅画同时作于约翰·班扬因其《天路历程》而声名鹊起之时。也许怀特笔下的班扬过于优雅俊美,而萨德勒所描绘的班扬却过于粗犷强健,但这两幅画像观察他的方式都是真实的。班扬的教义宣讲型著作的确充满了张力和锋芒,他的讲道无疑也是如此。然而,他所著的《天路历程》和其他与之类似的寓言类作品中,却时时透露出作者怪诞不经的诙谐幽默,表现出的喜剧效果有时令人忍俊不禁。这些就是约翰·班扬的两面:忠实的牧者,和一位有魅力的人。一方面他完全堪称上帝忠信的仆人,而另一方面他毫不缺乏人格魅力。

一个班扬并没有显赫的出身,恰恰相反,他的父亲不过是一名家境贫寒的铜匠,在贝德福德小镇之外一个只有六十九户人家、名叫埃尔斯托的村庄经营着一间店铺。班扬曾经在学校中学习过一段时间,然而很快他就因为要继承父亲的手艺而被迫辍学。很显然，班扬的父亲已经抱定了让他做一辈子铁匠的打算。1644 年，在班扬只有十六岁的时候，他的母亲和唯一的姊妹不幸去世，父亲再婚。班扬被（并不是自愿的）议会军招募，开始了自己两年半的服役。也许我们不应惊奇，这位不到二十岁的"退伍老兵"会毅然选择放弃经营店铺，外出谋生以求独立。班扬成为一名补锅匠（即走街串巷修补金属工具），进入婚姻更是加剧了他的贫困状况，这种状况一直持续到他 1660 年入狱。补锅匠四处流荡，而且随时准备被人驱逐，就如耶稣时代的牧羊人和今天的流浪汉。毋庸置疑，一个人是不可能通过补锅匠的工作致富的。对于班扬的人生道路而言，这很难说是一个幸运的开端。

然而，谁能想到班扬最终会取得蜚声世界的成就呢？他是公认的一流基督教作家，所著的《天路历程》成为日益受欢迎的畅销书；他是家喻户晓的传道人，成千上万的伦敦人聚集为要聆听他的信息，而在他牧养贝德福德及其周边乡村教会时期，也有数以百计的人围绕在他的讲台前；他是属灵伟人约翰·欧文的好友，后者曾对查理二世说自己甘愿用毕生所学来换取班扬讲道的能力；在背后人们称他为"主教班扬"；甚至连当时最负盛名的两位画家都为他作画。可以说，班扬的确达到了功成名就，而他本人的"天路历程"可以清晰地划分为三个阶段：

1. 1648—1660 年是班扬寻求信仰的时期。首先，在这段时期的开始,班扬经历了五年内心的挣扎和起伏,他之后在《丰盛的恩典》(*Grace Abounding to the Chief of the Sinners*)一书中将这五年视为自己归向基督的重要人生转折,最终上帝的平安临到了他。班扬的属灵追求始于他娶了一位敬虔信徒的女儿——她的嫁妆是两本著名的清教徒著作:亚瑟·丹特所著的《普通人通往天堂的道路》,以及路易斯·贝理(Lewis Bayley)的《操练敬虔》(*Practice of Piety*)。班扬开始参加教会的礼拜,不再发咒起誓、跳舞和任性而为,转而阅读圣经。他接触到贝德福德的一间新教教会一些穷困并有着重生经历的女性,并与这间教会的牧者约翰·吉福德(John Gifford)逐渐熟识起来。通过阅读马丁·路德的《〈加拉太书〉注释》,班扬逐渐开始以基督和十字架为生命的中心。有两年时间,班扬认为自己犯下了弃绝基督的罪,并且不可能被宽恕,为此他活在恐惧之中。1653年,吉福德在乌斯河中为他施洗,作为他悔改归入基督的可信见证。

其次,在此之后班扬发现自己有着讲台服侍的恩赐。作为实习者,他与贝德福德教会其他成员在各乡村布道,在一些小组中作见证和劝诫,并于1656年得到了教会的正式委任,成为一名兼职的传道人。从那时起,班扬自己的乡村传道获得了更多的接纳和认同。他一切的事工都以纯正的福音为紧扣的核心,他本人如此说:"我发现自己内心最为关注的就是去唤醒人的灵魂,劝人归主。"

　　第三,班扬发现自己有写作基督教通俗著作的恩赐。一开始他发表了一些护教类的著作,其中包括两篇反对贵格会的论文:《一些显明的福音真理》(*Some Gospel Truths Opened*, 1656)以及《对一些显明的福音真理的证明》(*A Vindication of . . . Some Gospel-Truths Opened*, 1657)。之后他又写了《来自地狱的几声叹息》(*A Few Sighs from Hell*, 1658)以及《阐释律法和恩典的真理》(*The Doctrine of the Law and Grace Unfolded*, 1659)。班扬在分析和论证方面有着极为出色的天赋,他的写作极为高产且条理清晰。他一旦开始写作便一发不可收,在他离世之时共有六十本篇幅不等、总共接近两百万字的个人著述问世。

　　2. 1660—1672年,是班扬遭遇信仰迫害的时期。他因为不从国教而被囚于贝德福德的监狱。当地的执政者为了显示自己听命于复辟王朝以及对即将恢复的国教会的忠心,控告和囚禁贝德福德地区最有影响力的牧者,来威慑那些不肯承诺离开非国教教会讲台的传道人。囚禁班扬的监狱没有任何取暖设施,班扬也只能睡在干草上,然而他的健康却没有受到什么损害,仍能满心喜乐并继续写作。班扬还在狱中制作了成百上千的线织花边,以此赚钱维持妻子和孩子的生计。当时的人们普遍将班扬视为属灵权威,因此即使被囚,他依然不断地对那些探视他的人进行属灵的教导,并定期向狱中的囚犯布道。有时,狱方甚至会允许他外出讲道。1672年,查理二世颁布了信仰自由令,班扬因此重获自由。在此之前,班扬已经正式获得了教会按牧;从此,牧师的职分一直伴随班扬,直到他离世。

3. 1672—1688年是班扬声名鹊起的时期——无论作为牧师还是作家。《天路历程》似乎就是班扬在1675年第二次牢狱之灾的半年时间中开始动笔的,1678年这本书问世出版,一时间洛阳纸贵。《恶人传》(1680年)、《灵魂城圣战》(1682年)以及《天路历程》第二部的出版,确立了班扬身为作家举世瞩目的地位。与他之前上百位著名的清教作家所撰写的真理教导类灵修作品不同,班扬以他丰富的想象、形象生动的笔触,为我们讲述了众多有着信仰含义的寓言故事。这些故事想方设法将福音信仰与这个世界普通人的生活联系起来。在班扬三十年的写作生涯中,一共完成了六十本不同类型的著作,这些著作至今仍都值得一读。

在这里,我们要特别对《天路历程》这本书做更多的介绍。这本书一方面是班扬最为著名的作品,另一方面也是关于清教徒如何理解基督徒人生最为形象的代言。世俗的研究认为,这本书以其情节设置和人物互动开创了英国小说的先河。然而在班扬自己看来,此书是为着教导信徒而作,其中充满信仰教导含义的寓言,向一般大众指明了那通往敬虔的道路;可以将这本书看成是一系列启发人认识有关敬虔及其反面的讽喻[用班扬的话];这本书也是一部根据圣经的梦境故事,以其从现实生活中取材的人物来反映属天的真理;并且靠着上帝的恩典,这个故事可以成为读者自身信仰历程的故事。在《天路历程》第一部的辩护性序文中,班扬以诗体的形式向我们讲述了这本书的缘起。

> 为了要写作,当初我把我的笔
> 拿在手中的时候,绝没料及
> 会写成这样一本小书;
> 我要写的,原来是大相悬殊;
> 等到接近完成,自己还不知道
> 已经开始这样写了。
> 事情是这样:我原想写下圣徒们
> 在我们这个福音时代中所经历的路程,
> 万想不到,我却写成了一篇寓言,
> 描述他们的旅程和到达荣耀的道路。
> 我记下了二十件以上的事例。
> 之后,又有二十件进入我脑子里;
> 事情一件又一件地不断增加,
> 好像燃烧的木炭中飞出的点点火花。
> ……
> 于是,我愉快地落笔纸上,
> 飞快地写下了我种种的思想,
> 因为如今当我的思潮终止的时候,
> 只要我再探索一下,它又涌了上来;

于是我又把它们一一写下;终于,

你看到它成了这样一本篇幅浩繁的巨著。

……

这本书在你的眼前描画出一个人,

他正在把那永久的赏赐找寻。

你会看见他从哪里来,到哪里去;

他撇下什么没有做,他做的又是什么;

你看见他怎样不停地奔跑前程,

直到接近那荣耀之门。

……

这本书会使你成为一个旅人,

只要你肯接受它的指引;

它会引领你到那圣地,

只要你明白它的指导意义;

……

你要自己读吗? 读你所不明白的东西,

然而你念了那些字句,你却可以明白你自己有没有

受到祝福?

啊,那么来吧,读我的书、你的头和你的心靠拢在一

处。*

---

* 参见班扬:《天路历程》,西海译,上海译文出版社,1983 年,第 3 - 17 页。
译文略有改动。——译者注

"他正在把那永久的赏赐找寻……不停地奔跑前程"，班扬如是说。尽管主人公天路客在大部分的情节中都是在行走，但他的天路历程却是以奔跑开始的。在传道者首次教导天路客，向他指明人生方向后，他便开始奔跑了。班扬在此特意这样描写："于是我在自己梦中，看到那人开始奔跑……他用手指堵住自己的耳朵，边跑边呼喊道，生命！生命！永远的生命！"在班扬看来，奔跑的画面表达着一种专心致志逃离丑陋可怖之事物并冲向美好之事物的努力。正是在这个意义上，天路客在不停地立志奔跑，尽管我们在书中看到他大部分时间里都在与他人同走或谈论。这里正好带我们转向班扬的《奔走天路》一书。"行者"一词在这里并没有"侍从"或"步兵"的含义*，而是指向某位徒步旅行的人（"基督徒"对"盼望"说，"你我就是这样的行者"）；"天路"告诉我们这些人前行的目标是天堂。而这个书名来自关于《哥林多前书》9：24 写下来的成文讲章，天路行者的使命极其简单，就是奔跑。

我们并不清楚，班扬具体是在什么时候完成了《奔走天路》的写作，因为这本书在他的有生之年并未出版。班扬的好友查理斯·多伊（Charles Doe）于班扬逝世四年之后的1692 年出版了此书。书中所阐释的思想，很大程度上响应了《天路历程》。基于这一点，我们很难再去怀疑这样的判

---

* 书名直译为"天路行者"，"行者"的英文原文是 footman，亦含有侍从和步兵的含义。——译者注

断,即讲章体的《奔走天路》是在寓言体的《天路历程》完成后不久开始写作的。对于此书,十九世纪中期班扬著作的编辑乔治·奥弗(George Offer)如此评论道:

在《天路历程》中,基督徒不是需要脱离"灰心潭",翻越"艰难山"吗?在这本书中,天路行者则要时刻谨记自己将面临"许多不堪的行程,许多高耸的山川,这条道路艰苦卓绝、遥遥无期,必须要穿越广阔无边的旷野";然而有一个信念一直在激励着他,"路途的终点是那应许之地"。在《天路历程》中,那将要获得永远荣耀的基督徒不是必须要抽出他的利剑,披戴他的盔甲,并一路争战着朝向圣殿吗?在这本书中,天路行者也必须竭尽所能地克服那一切横亘在天堂与自己灵魂之间的障碍。在《天路历程》中,那半途而废的"无知"不是对基督徒说"你走得实在太快,我可得在后面歇歇"吗?在这本书中,天路行者则被告知,那些在成圣之路上抬不动步、懒散愚蠢的人将无缘最终的奖赏。在《天路历程》中,基督徒征程的开始不是有一道无比重要的窄门吗?没有人能够不经作为道路和门的耶稣而步入天堂。在这本书中,天路行者则被提醒,一旦他走错了路,哪怕跑得再快都不可能赢得胜利。在《天路历程》中,基督徒不是在草地小径中遭受了沉重的教训,并且之后又因跟随一个穿着白衣的黑人而走上了弯路吗？在这本书中，则有警告天路行者的话说，要谨慎，不要踏入那弯曲的路径，以免被其引入死亡和咒诅……在《天路历程》中，那软弱的基督徒不是常常边走边抱怨，时而自恃，时而叹息，时而跌入灌木丛，时而又仆倒在尘土中，时而兴叹"我失败了"，时而又呼求"啊！你在哪里?"吗？而这本书中的天路行者被告知，他的肉体将会"在荆棘和沼泽以及其他障碍中遭遇十字架、痛苦和疲乏"，而穿过这些障碍他必须坚忍到底。在《天路历程》中，形式主义者和假冒为善者不是在"艰难山"的脚下选择了岔路，最后可悲地走向灭亡了吗？"怀疑"和"胆怯"不是因为畏惧那施加迫害的狮子（即国教会和政府）而转身退后了吗？这本书中的天路行者也被提醒"有些人在遇到十字架的艰难时便停下了前进的脚步，于是他们又一次转向自己的罪，在其中要么绊跌仆倒，摔断脖子，要么偏离左右而走向灭亡。因此你一定不能放弃奋力前行，也不要因艰苦放慢脚步……"正如本书开篇所引用保罗在经上所教导的："你们也当这样跑，好叫你们得着奖赏。"（林前9：24）

　　《奔走天路》这本书从开始到结束，一以贯之地教导读者沿着那条引向生命的道路不停地努力奔跑。班扬假定，这本书的读者已经对《天路历程》中刻画的那些福音的基要真理有所认识，因此他在书中将焦点对准那通往天堂、逃脱地狱的生命之路，旨在增进信徒对此属灵实际的知觉，并提升他们对信仰的委身。与他所著其他的教导类著作相一致，班扬在这本书所表现出的那种迫切感几乎要将人淹没。他强烈地感受到地狱的恐怖，以及上帝对忽视他应许的不敬虔之人的忿怒，并且班扬源源不断地发出话语的命令，这让他比多数人更能让我们感受到他自身所感受的。不得不说，此书的确是一本"苏醒人心，带来悔改"的著作。在阐述了"那些期望进入天堂之人必须为此奔跑"的教导之后，班扬进而对信徒为何奔跑以及如何奔跑展开论述。在此，他引入了不少激动人心的观念，来激励读者坚持那奔跑天路、不断向前的人生目标；与此同时，也帮助读者摆脱各种冷漠和懒惰的属灵痼疾，而这些容易在信徒心中滋长的问题，被班扬称为"懈怠"的罪。关于懈怠，班扬最为发人深省的教导或许包含在《奔走天路》题为"致所有懈怠和轻慢之人的一封信"的自序中。但很显然，这篇文章是班扬在全书完成之后才开始写的，当时他要通过序言展开的想法仍在他脑海中沸腾。现在，让我们从以下引文中来感受这种力量吧：

在此我敢放胆说，没有任何事情会比一个人愚弄自己的灵魂、败坏自己的永生，更让这个人羞耻。并且我很确定，他这样做的最直接原因就是懈怠；对于上帝救恩的懈怠……

如果你想去辨明谁才是那些在属天之事上懈怠的人,就让我们拿他们和那些在属世之事上懒散的人做一比较吧:(1)懒散的人总是不愿着手开展那些自己当做的工作,那些在属天之事上懈怠的人也是如此;(2)懒散的人总是想办法尽力拖延,那些在属天之事上懈怠的人也是如此;(3)对于懒散的人,任何小事都可以成为他们不勤奋工作的充分借口,那些在属天之事上懈怠的人也是如此;(4)懒散的人工作总会半途而废,那些在属天之事上懈怠的人也是如此;……(5)懒散的人总会错过事情当完工的时间,那些在属天之事上懈怠的人也是如此,他们总会错失上帝施恩典的时机;因此,(6)懒散的人极少会有理想的结局,这也是所有在属天之事上懈怠的人必然的下场;(7)懒散的人终会遭到他人的责备,同样,基督也要责备那些没有竭诚为主之人……

信徒们,警醒吧!不要再懈怠了。让你的脚、你的心和你的全身全人都为主所用吧。竭力奔跑吧,那荣耀的冠冕就在路途的尽头。慈爱的主耶稣已跑完了全程,他预备了属天的供应,迎接你的灵魂,他还要将那更加乐意顺服的心赐给你,超过你的所求所想……

我盼望我们的灵魂都能在那路途的终点相遇。

　　这就是真正的约翰·班扬——全力以赴地促人省察内心并安慰人心。在《奔走天路》中，你将会对此有真切的领略。至此，我不能再继续挡在你和班扬之间。用他的话来说，天堂在召唤：愿我们始终在朝向天堂奔跑。

The
Pleasantness
of a
Religious Life

Life as good as it can be

● ● ●

MATTHEW HENRY

INTRODUCTION BY J. I. PACKER

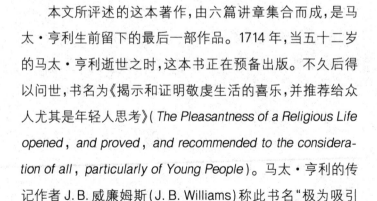

第四章
马太·亨利：
《敬虔生活的喜乐》

一

  本文所评述的这本著作，由六篇讲章集合而成，是马太·亨利生前留下的最后一部作品。1714 年，当五十二岁的马太·亨利逝世之时，这本书正在预备出版。不久后得以问世，书名为《揭示和证明敬虔生活的喜乐，并推荐给众人尤其是年轻人思考》(*The Pleasantness of a Religious Life opened，and proved，and recommended to the consideration of all，particularly of Young People*)。马太·亨利的传记作者 J. B. 威廉姆斯 (J. B. Williams) 称此书名"极为吸引人"，但我怀疑今天的许多人仍会认为书名有吸引力。

  然而，出现这种结果错不在亨利。今天很多人一看到这样的题目便兴趣全无，其原因在于从亨利所在的时代到今天的三个多世纪中，时代的变迁已将"喜乐"（pleasantness）的内涵大大弱化了。今天的"喜乐"这个词的含义只是某个事物不算太糟糕；"敬虔"（religious）的含义也变得越来越模糊，这个词现在包含了所有的信仰，与各式各样的"神"（God）或"神祇"（gods）（或者为免受女权主义者攻击要使用"女神"[goddesses]一词）联系在一起；还有"思考"（consideration）也变成了一个毫无温度的词汇，人们有意要将它孤立在思想的领域，而非与行动密切相连；与此同时，"年轻人"这个用词在今天的人看来似乎也表现出了作者自视高人一等地想要指示他人，会让许多真正的年轻人掉头离开。然而，如果今日社会对于马太·亨利这部著作书名的联想，令我们望而却步，这的确令人遗憾与悲哀。在这本书中，马太·亨利以他那十六、十七世纪之交时的风格，向我们流畅、透彻地描述了基督徒人生的喜乐。在我努力滤除种种误读，期望将这本书介绍给这个沉迷于美食与性欲以及诸如此类欢娱的时代之时，我不愿丝毫保留自己对马太·亨利所取书名的赞许。

马太·亨利在书中对于自己关注的主题，向读者做了开门见山的陈述。以《箴言》3：17 的经文"她（智慧）的道是安乐，她的路全是平安"作为开篇，作者首先指出"没有任何事物能比欢乐更加吸引我们"，并因此断言"真实的敬虔将会带来真实的欢乐"。书中具体说道：

欢乐是极其吸引人的。凡能带来快乐的,都无一不吸引着人们的心……信仰也有提供欢乐的一面……而且这种欢乐之"诱饵"的背后并没有"钩子"……它是上帝亲自邀请你去享受的愉悦,它所带给你的快乐是真实、永不改变的……真实的欢乐就蕴含在真实的信仰中,这是毋庸置疑的。

马太·亨利的目标就是要通过此书让我们看到,真实的基督教就是一场步入喜乐的旅程,让我们的人生充满各样的喜乐。在众多令人信服的理由中,这一点足以成为我们热情高昂、全心跟随耶稣的原因。按照如下的方式,作者向我们阐明了这一点:

首先,他列出了基督徒所享受的十二种欢乐: (1)认识上帝和主耶稣基督;(2)在上帝里得享安息;(3)成为上帝的儿女;(4)借各种受造物所带来的安适,感受到上帝恩典的美善;(5)信靠上帝的看顾;(6)以上帝为乐;(7)赞美上帝;(8)脱离我们嗜好的奴役;(9)脱离我们情欲的捆绑;(10)对他人的关爱和善行;(11)时常与上帝的相交;(12)盼望天堂的荣耀。

接着,马太·亨利回顾了上帝为罪人成就了怎样的喜乐:借着十字架成就了神人的和好;应许赐下和平与喜乐;赐给信徒圣灵、圣经、以祷告和唱诗来敬拜上帝的律例,以及传扬福音的使命,借此让他们得享上帝为他们预备的丰盛祝福。这样的祝福包括罪得赦免、对救恩的确信、与上帝的连接、内心的满足、良心的平安以及对未来荣耀的预尝。

之后,作者在书中通过诉诸基督徒真实的生命经历,来继续充分论证自己的上述论点。他形象地将基督徒的一生比喻为一种旅程,其中因其具有的价值而充满了欢乐,并且上帝的恩典加给我们行走的力量,圣灵的同在做我们的护卫和引导。上帝也在这条成圣之路上为我们预备了良朋密友、天时地利和足够的供应,并且让我们深信自己必然能够到达终点,进入那永恒的家乡。

在这本著作的最后,马太·亨利驳斥了那些无宗教信仰者的怀疑论,以及那些阴郁之人对于虔敬之乐的扭曲,并且反驳了某些人这样的观点,即认罪悔改的扎心之痛、自我否定的要求以及信徒生命经历中各种与愉快相反的感受,摧毁了一个人跟随耶稣的喜乐。在此基础上,他强烈要求读者立即采取行动,从自己目前的处境出发,竭力进入他一直所描述的那种属灵生命的丰盛之中。

有些事情从未发生过改变。马太·亨利的这本几乎三个世纪前的书,虽然在语言上让人觉得过时陈旧,然而它所传递之信息的智慧和真实却从未变更。就连我们这些信仰基督的人,也会时不时因为身边世俗朋友的说法或因自己扭曲的理性,将做基督徒看成是一种令人绝望的苦差,认为不做基督徒将更为快乐。由此可见,我们也正如马太·亨利当年的那些读者与听众一样,需要警觉起来,看到事情绝非如此。在书中,马太·亨利向我们敞开内心,如此提醒道:"在此,我要坦承自己怀有的偏好。这里所论及的信仰带来的喜乐,是我长久以来所特别倾慕的至宝,也是我在任何环境下都要去论说的真理。"基督徒的一生绝非一帆风顺,但这一路的的确确有喜乐相伴! 作为对属灵喜乐有真切体会的圣徒,马太·亨利的这本书将会让今日的信徒大为受益。

二

写下这本篇幅短小但足以传世之作的马太·亨利是谁? 他属于白银时代的清教徒。下面,我就要来作出解释。

在文学研究和思想史领域中,人们经常会对一些划时代的运动或思潮,作黄金时代和白银时代的划分。黄金时代是指那些开创运动的先锋型人物独具创见,以经典不朽的成就为后继者树立了标准和楷模,也因此奠定了自己的大师地位的时期。白银时代则是运动的后继者紧紧跟随前辈的足迹,将他们所继承的智慧进一步阐释、发扬并忠实地传承下去的时期。对于黄金时代所开创的事业,他们在细节上不断地给予完善。站在前辈所奠定的基础之上,他们常常能够做出更为清晰、精准的表达和阐述,然而他们却将自己定位为继承者而非开创者,定居者而非拓荒者。他们的使命就是去维系传承前人的成就,并为了实现这一目标而尽心竭力。

在基督教领域中,黄金时代与白银时代的区分根据观察者角度的不同,可以采用不同的标准。因此,从某种角度而言,你可以将路德火山喷发式的开创工作划入宗教改革运动的黄金时代,而将加尔文与梅兰希顿所做的系统化工作,归为与前者对应的白银时代。然而,从另一个角度来看,路德、加尔文、布塞(Bucer)、马特尔(Peter Martyr Vermigli)、克兰麦(Cranmer)、诺克斯(Knox)以及与他们并肩的战友,属于奠定宗教改革神学的黄金时代,而从帕金斯到欧文的清教徒神学世纪,以及当时欧洲大陆从贝扎(Beza)到图伦丁(Turretin),属于继起的白银时代。还有人从第三种视角观察而认为,那些历史上教导基督徒信仰实践最为著名的教师如约翰·牛顿(John Newton)、穆里·麦琴(Murray McCheyne)、司布真、莱尔主教(J. C. Ryle)以及亚瑟·宾克(Arthur Pink)属于白银时代,而与他们相对应的黄金时代则属于那些开创清教徒运动的先驱,如帕金斯、薛伯斯、巴克斯特、班扬、欧文、古诺、托马斯·古德温以及托马斯·胡克(Thomas Hooker)。因为正是后者开创性的工作,为信徒在信仰实践中活出信心、盼望和爱心绘制了内在属灵世界的蓝图。第四种观点认为,十八世纪初凭借着自身代表作而带来了巨大影响的三位圣徒可被视为属于白银时代的人物,而在他们之前开创了整个清教徒神学与实践教导的那批牧者则属于与之对应的黄金时代。这三位白银时代的圣徒即科顿·马瑟(Cotton Mather)、以撒·华滋以及马太·亨利。他们的贡献被今天的人们大大低估，因此都需要我们重新作出评价。然而，受文章篇幅所限，我们这里只能关注马太·亨利一人。

马太·亨利生于 1662 年，那一年他虔诚的父亲菲利普·亨利(Philip Henry)在国教会恢复之后，被列在两千名遭驱逐的清教徒牧者之中。他的父母按照清教徒的传统，为马太·亨利在信仰和行为上打下了坚实的根基(包括每日祷告、圣经阅读、自我省察、记录日志、操练与上帝同行、严谨的道德操守、舍己的行善、严守主日为安息日、每周其余六日辛勤工作)。马太·亨利在少年时就展现出过人的成熟，天资聪颖、思想活跃、爱慕圣经的他一心只渴望成为牧师，一生服侍上帝。1687 年，马太·亨利从一间不从国教的学院毕业后，在伦敦格雷学院(Grag's Inn)学习了一些法律课程。之后，他接受了长老会的按牧，开始牧养教会，在那里服侍了二十五年之久。在此期间，这间教会人数增长至超过三百五十人。在去世前两年的 1712 年，马太·亨利回到伦敦近郊的海克尼(Hackney)定居下来。

作为清教徒类型的忠心传道者，马太·亨利的讲道备受欢迎。为了良心的缘故，只要条件许可，他从未拒绝过任何讲道邀请。在自己的服侍生涯中，马太·亨利经常走访不同的教会，有时他要奔波于不同的地方，在一天之内讲三次道。

他自己教会的两堂主日崇拜都要持续三个小时之久，其间他不光要用一个小时来传讲某段经文的信息，还要再用一个小时来对圣经的某一章予以阐释。马太·亨利著名的圣经注释正是在这样的服侍中完成的，这套注释书从1704 年开始出版，到他离世之时已经完成了五卷，此外他离世前最后完成了《使徒行传》的注释（他的友人们之后根据他生前存留的笔记，完成了这套圣经注释的第六卷）。

简明而务实的风格，加以学术深度以及丰富详实的内容，让这套圣经注释成为一部传世经典，之前或之后极少有其他的通俗解经著作能够与之比肩。

三

当代读者如何才能真正走入《敬虔生活的喜乐》这本书而取其精华呢？这是一个必须要回答的问题，因为马太·亨利当年撰写此书时的诸多前提如果放在今天，大多不会很自然地得到人们的承认。然而一旦忽略了它们，我们便会从一开始就觉得这本书的内容苍白肤浅，与我们的切身情况并不相干。或者说得更直白些，如果不做一些必要的预备，马太·亨利的书会让我们觉得若非变成老派守旧的人，就无法读懂这些古董文字！下面的几点论述，就是为了预先避免任何此类的反应。

　　首先,我们必须看到清教徒对于基督教有着怎样的理解: 在他们看来,信仰是一种将上帝、圣经、世界、自我、拯救、教会、历史和未来密切整合在一起的世界观。今天,即使在相信圣经是出于上帝启示的教会中,也很少有人具备这种整全而系统的眼界,而在那些用学者的迷思和幻想替代了圣经教导的自由派教会中,就更不必说了。然而马太·亨利的时代却大不同于现在,那时的教会致力于通过教理问答,将有关信仰的基本要道传递给所有信徒。我将这些真理总结如下。

　　具有内在合一的上帝,在本质上是一个圣父、圣子和圣灵之间密切连接的团契。他的智慧、良善和公义都是无限和永恒的,宇宙并其中的人类因他永恒超然的大能而被造,因此上帝可以给我们他的爱与祝福。与此同时,我们也能够以爱回应并赞美他。然而,事情的发展却出现了问题。

　　原罪是对所有人类的道德本性的彻底扭曲,让我们的内心无法再去爱慕并尊崇上帝,取而代之的是每个人内心深处不可避免的以自我为中心。我们犯罪因为我们是罪人,而人类历史在某种意义上正是原罪的栩栩如生的写照。

　　降世为犹太人的救主耶稣基督曾受死、复活,如今拥有天上地下所有的权柄,将来还要再来审判过去、现在、将来所有的人。他是那道成肉身的圣子上帝,以自己的死为我们的罪作了代赎。因着信靠他,我们得到了上帝的赦免和接纳。作为活着的主,通过在我们身上恢复上帝的形象,他将自己的生命与我们的生命相连接,从而胜过原罪在我们身上的一切权势,并在我们一生的道路上赐下能力,让我们去抵挡自己里面犯罪的倾向。这是他在当下所要施行的救恩。

圣灵是上帝的第三位格,作为圣父和圣子的代表,让我们能够看到自己的罪,并承认自己需要基督的救赎。圣灵重生了我们,从而让我们得着那向上帝悔改的信心;他赐下确据给我们,让我们确信上帝的赦免、接纳以及未来荣耀盼望的真实;并且他在我们的生命中不断进深的成圣之工,让我们得以在追求真理的人生道路上越来越有耶稣基督的形象。这是上帝的救赎应用在我们的生命之中。

教会是所有重生之人因着圣灵的连接,在主耶稣基督里所结成的超自然的团契。上帝呼召他们去崇拜、见证基督,并让他们在彼此配搭的服侍中彰显上帝的荣耀。为了实现这样的目标,上帝又在他们中间赐下了被按立的牧师、圣礼的施行以及各种服侍的恩赐。每个基督徒都属于上帝所设立教会中的一员,需要教会作为支持自己生命成长的属灵家庭,并应该委身服侍在特定的地方教会。基督徒的生命需要在一个信仰的群体中活出来。

圣经是上帝成文的话语,正是通过它,上帝让我们明白了以上的真理。

这样的概括,可以帮助我们认识清教徒当年对于基督教信仰的理解,这也是马太·亨利在写这本书时所默认其读者已经认识到的真理。

其次，我们需要认识到清教主义的基督教，与西方现代以及后现代世俗主义之间有着怎样的对立。清教主义视上帝的话语为一个人自我认知以及生活实践的标准和权威，现代性则乐观地高举科学和哲学中所体现的人类理性。而充斥在今日大学之中的后现代主义则以悲观的情绪告诉那些现代主义者，他们所主张的毫无希望。因为在后现代主义者看来，无论是科学家还是哲学家，都与历史上的基督徒一样，所提出的普遍真理其实只是进行思想控制的不适当尝试。

无论人们对后现代主义的主张做何理解（比如有人可能会想，后现代主义者难道不用自己的这种标准自我衡量吗?），显然它所表达的仍是一种世俗主义，与它所极力贬低的现代性一样。在世俗主义的战场上，现代主义者与后现代主义者打得难解难分，四处弥漫着相对主义、怀疑主义以及绝望情绪的硝烟。与此同时，也在人群之中制造了一种普遍的观念，即不存在任何确定的事物，也没有什么事物能够拥有不变的价值，因此抓住每一刻及时行乐似乎成了人类唯一值得去做的事情。这样的观念贬低了人性的价值和人生的意义，并阻塞了人类的思考，让我们生活得毫无目的，仅仅被自身的本能和各样贪婪的欲望随意驱使，变得与所谓低级动物别无二致。因此，我们对生命的理解变得飘忽不定，对快乐的认识也只停留在那些出于本能、感官、肉体、自我中心的渴求、欲望及心动的片刻满足之上（我按照从高到低的强度特征列出了渴求、欲望和心动这三个词）。这就是世俗主义所能够带给我们的结果，它无疑是极其可悲的。

在这本书中，马太·亨利所指出的永恒真理，与这些世俗的倾向可以说是针锋相对。这个关于人性的永恒真理，弗兰西斯·薛华（Francis Schaeffer）可能会称呼为"确实的真理"（true truth）：

人的本质即是灵魂……["灵魂"在这里意指具有位格、意识及理性的存续性自我。]我盼望人们都能视此为不证自明的，即人在本质上应被视为一种理性和永恒的存在，他被赋予了各种属灵的能力和禀赋，能够与这世界上其他灵魂产生连接和共鸣；人是有灵魂的，而灵魂具有与身体不同的各种知觉与倾向，以及能动和感受型的官能；灵魂是我们生命的一部分，同时也是最需要获得我们关注的那个部分，因为我们灵魂的健康或疾病与我们整个人的健康或疾病息息相关。我们当看到，在今生我们的灵魂和身体有着各自不同却相互冲突的利益，我们的身体认为它的利益在于让其欲望获得满足，尽力沉醉在它所倾向的各样欢愉之中；而我们灵魂的利益却在于驯服并控制身体的各种欲望，唯有如此我们才能够真正感受到那种灵魂的喜乐……因此,让我们做出明智的选择,并拿出勇气去做一个被理性所引导和管理的人吧。对这样的人而言,凡没有被理性所阐释或描述的事物,便完全无法对他产生任何影响。这里我所说的理性,并非是那种存在于自然人身上,被肉体的感官所遮挡、主导、迷惑的理性,而是被上帝的启示以及他的恩典所提升和引导的理性。我们当倚靠对上帝的信心而活,而非倚靠我们自己的感觉。(第50—51页)

只有当我们认识到,传统基督教和现代世俗方法对于人生意义的解读截然不同,并且有意识地去摆脱文化偏见,转而从严肃看待基督教、圣经和清教徒关于人类本性和人类福祉的观点,我们才能跟上马太·亨利的思路和笔触,从他如喷涌之泉一般的智慧中获益。

今天的人们常常会将清教徒视作伪善、狭隘之辈,觉得这些人只会在人群中布散阴郁不快的气氛。然而事实上,历史上的清教徒在生活中严肃地践行基督教信仰——祷告、禁食、保守己心,与世界、肉体和魔鬼争战,有秩序地生活并且竭力行善。而且当他们如此生活时,在人生的各种境遇中——安静或喧闹,平顺富有或苦难困顿——他们都感受到精神上的愉悦和喜乐。马太·亨利在其书中向我们所分享并深化的,正是这样的信仰经验。这种经验的秘诀在于控制自己的思想——意识到上帝每时每刻都与自己同在并赐下祝福。反复阅读马太·亨利的这本著作,可以直接引导我们获得这个秘诀。我盼望着诸位读者在读过这本书之后可以印证这一点。

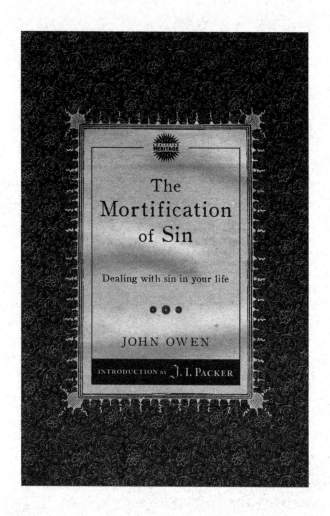

The
Mortification
of Sin

Dealing with sin in your life

● ● ●

JOHN OWEN

INTRODUCTION BY J. I. PACKER

第五章
约翰·欧文:《治死罪》

我要承认,在从古至今的所有神学家中,约翰·欧文对我的影响最深,而在这位属灵伟人的所有著作中,对我帮助最大的莫过于这本小书《治死罪》。下面让我来解释其中的原因。

半个多世纪前,在大学第一学期,我接受了基督教信仰,决定委身主耶稣基督。我承认自己需要上帝的饶恕与接纳,意识到基督对我的救赎之爱以及他对我的呼召。当时帮助我在信仰上成长的小组在风格上有很强的敬虔派倾向,那里的教导使我深信,对基督徒而言最重要的事就是与上帝真实亲密地同行。这样的教导,显然是正确无疑的。然而这个小组在某种程度上却带有属灵的精英主义倾向,他们认为,只有笃信圣经的新教信徒才能讲出有益于造就信仰生命的话,并且小组的带领人也希望我们确信,那些被认为有资格给小组分享圣经信息的人绝对有着虔诚的信仰。于是每周我都带着热情和期望,去聆听小组所邀请来的讲员和教师的分享,内心深信他们必然是全英国、甚至全世界最为敬虔的属灵导师。这样的观点最终给了我惨痛的教训。

我所理解的,是否就是受邀讲员和教师的意思,这也许是个悬而未决的问题。然而对于那时的我而言,这就是我从他们那里所听到的:存在两类基督徒,一流的和次等的,"属灵的"和"属肉体的"(这种区分是根据英王钦定版圣经《哥林多前书》3:1—3 做出的)。相对第二类基督徒而言,第一类基督徒内心有着持续不变的喜乐与平安,没有什么可以动摇他们的信心,并且他们总能胜过各种诱惑和罪。一个人如果想要被上帝使用,他就必须成为这种"属灵的"信徒。对于当时孤单、敏感、性格内向的我而言,新获得的信心并没有在一夜之间改变我的性情,这让我不得不承认我还不"属灵"。但我盼望自己能够被上帝使用。那么,我该怎么办呢?

"交托,让上帝掌管"

有人告诉我,有一个从属肉体的基督徒转变为属灵的基督徒的秘诀,可以用格言的形式将其表达为"交托,让上帝掌管"。我至今仍清楚记得,有一次在牛津的讲道坛上,一位极富感染力的牧师做过这样的教导和劝勉。他所讲的秘诀与圣灵充满有关。他说,唯有圣灵充满的人才能摆脱《罗马书》7章后半部分所描述的那种状态(他认为这些经文所描述的是倚靠自己而时常遭受的道德失败,现在我认为这是一种错误的理解),从而进入《罗马书》8章所描述的状态中,即达到那种在圣灵中大有信心、不被任何罪恶试探胜过的生命。对于如何被圣灵充满,我将他的教导总结如下:

首先,一个人必须舍己。耶稣不就要求他的门徒舍己吗?(路9:23)是的,然而他的意思是要叫我们撇弃自己属肉体的老我,即我们的自我意志、自我主张、自我中心、自我崇拜。这些我们人性中那种继承于亚当的顽疾,以自我为中心的行为方式,根源于抵挡上帝的冲动和倾向,这就是通常所说的原罪。然而,在当时的我听来似乎是教导人去否定个人的自我,从而让耶稣基督来接管我的生命,好让我当下的所思所想变得不同,经验到耶稣基督自己活在我里面,让我有活力,并代替我去思考和表达意愿。这样的说法,听起来更像是被鬼附的方式,而非新约教导的那种基督的内住。然而,当年的我对鬼附身却一无所知,我刚叙述的内容似乎就是那位受邀讲员所阐释的"现在活着的,不再是我,乃是基督在我里面活着"(加2:20)的显白意义。那时我们常常会唱这样一首赞美诗:

哦，亲爱的主，救我脱离自我，

哦，愿你完全掌管我；

好让我不再是自己，

而是基督活在我里面。

无论诗歌作者的本意是什么，我完全是在上面阐述的意义上来唱这首赞美诗的。

那个秘诀的剩余部分都包含在这样一个有着双重意义的短语中：奉献和信靠。奉献是说完全的自我降服，它意味着将自己全然献在祭坛上，将自己生命的主权毫无保留地交给主耶稣。奉献给上帝的信徒将完全倒空自己，紧接着圣灵就会自动充满在他里面，从而在他里面的基督的能力就蓄势待发了。奉献的同时需要有对上帝的信靠，这被解释为时刻仰望内住在我们里面的基督，不仅让基督在我们里面替我们思想和决定，而且也让他为我们争战并抵制试探。信徒不应该自己直接面对试探（这样做便成为靠着自己的能力去与罪争战），而是应将这样的试探交给基督，让他来消灭。这就是我在当时所理解的奉献–信靠之法，我认为借助这种方法我将可以获得一种超然的能力，从而活出那宝贵的秘诀所谓的得胜的生命。

但最终发生了什么？为了将自己完全交托给主，并在遇见试探时努力做到"交托并让上帝掌管"，可以形象地说，我"擦伤"了自己的内心。那时,我并不知道,曾担任过芝加哥慕迪教会牧师的哈里·艾恩赛德(Harry Ironside)也曾经像我一样,在追求更高属灵生命的过程中内心被完全击垮。如果没有这样的经历,我也许不会像今天这样指出,这种追求更高属灵生命的努力,实际上是一种永远无法实现的空谈。那些声称自己真实经历到了此类提升的人,实际上是在无意识当中曲解了在他们身上所发生的事情。我所知道的是,期待的经验不会发生,而那种奉献-信靠的方法也无法奏效。为什么呢? 既然这种教导宣称,信徒生命的提升全部取决于完全的奉献,那么,失败的责任必然需要我来承担。于是,我必须再次挖掘自己的内心,揪出那些仍潜伏在内心深处的不圣洁的自我。这使我变得极为惶恐不安。

感谢主,那时一位年长的牧者将他的藏书捐赠给了我们小组,其中有一套《欧文全集》。我随意翻开了第六卷,读到了欧文关于如何治死罪的文字,于是上帝便使用这位清教徒三个世纪前的教导带领我走出了信仰的困惑。上帝对我患了癌症的灵魂实施了化疗。

在我读欧文的著作时,这位清教伟人仿佛跨越了三个世纪来到我身旁,让我看到自己内心的光景,在此之前没有任何人给予过我这样的帮助。欧文让我看到,罪是一种堕落的人类灵性系统中盲目、抵挡上帝、高举自我的势力,它在人心之中一刻不停地策动着各种以自我为中心且自欺的愿望、志向、目标、计划、态度,并煽动我们将其付诸实践。

我虽然是一个经历了圣灵重生的信徒,有基督新造的生命,曾经牢笼我的罪已被上帝所打败,但还未被彻底毁灭。它时时刻刻在我的心中潜伏,伺机发动,将各种我所不愿意看到的罪恶意念放在我面前,并将我心中渴慕上帝和圣洁的心志加以扭曲和破坏,使其成为成全我个人骄傲的手段。人心之中根深蒂固的罪不断地制造着各样的罪,我应该预料到信徒与这些罪之间的争战乃是一生之久的。

该怎么办? 欧文给出了答案,其精髓在于: 在你脑中对上帝的圣洁有清晰的认识。要牢记罪在麻痹你,让你对罪变得不敏感。因此,需要分外警醒,在圣灵的引导下借助规律的、合乎圣经的自我省察,提高你个人对罪的敏感,随时对罪加以分辨。定睛于那又真又活的基督,以及他在十字架上向你展现的大爱。当向主恳切地祷告,求主赐下力量,让你可以勇敢地拒绝一切出于罪的试探,并养成良好的习惯,帮助你抵制不良的习惯。你还当恳求基督除灭你正在与之争战的犯罪冲动,正如 C. S. 路易斯(C. S. Lewis)所著的《梦幻巴士》(The Great Divorce)一书中显现的天使告诉那个身上爬着红色蜥蜴的人去做的*。

欧文所说的有效吗? 必然有效。近七十年来,我的生

---

* C. S. 路易斯的这部作品类似于班扬的《天路历程》和但丁的《神曲》。"红色蜥蜴"象征着"淫欲,贪欲"(lust)。在故事中,经这个人同意,蜥蜴被杀死后,这个人开始改变。——译者注

命经历可以见证这一点。

欧文的这本书能否像帮助我一样去帮助别人？一定能。最近就有这样一个发生在监狱中的见证:

在厕所附近的地板上,我看到了这本书……一读完欧文的《治死罪》,我就情不自禁地立时跪在囚房的地板上向耶稣祷告,恳求他进入我这不配的生命,拯救我的灵魂……我向主所说的字字句句都是出于肺腑,如此地敞开自己还是我有生以来的第一次……感谢您,耶稣!

欧文就是这样一位仍在向我们说话的历史上的圣徒。

清教徒伟人欧文

欧文是公认的最有分量的清教徒神学家,很多人都会将他与加尔文以及爱德华兹,并列为有史以来改革宗神学最伟大的三位神学家。生于 1616 年的约翰·欧文,在十二岁时就进入了牛津大学的皇后学院,1635 年十九岁的欧文便取得了文学硕士学位。在二十岁出头的时候,强烈的罪咎感让欧文陷入焦燥混乱之中不能自拔,整整三个月他无法语意完整地说出一个词。然而,他渐渐地学会去信靠基督,并获得了内心的平安。1637 年欧文接受了按牧。在十六世纪四十年代,他成为克伦威尔的随军牧师。1651 年,他被任命为基督教会学院(牛津大学最大的学院)的院长。
1652 年,他兼任牛津大学的副校长,牛津大学的声誉也在
他的治理和重组之下获得了显著提升。从 1660 年到他去
世的 1683 年,欧文带领着独立派教会经历了漫长而黑暗的
宗教迫害时期。

　　作为保守的改革宗神学家,欧文有着渊博的学识和卓
越的释经恩赐。他的神学思想就像诺曼大教堂(Norman
cathedral)的宏伟柱石,质朴而坚实。他心目中自己的读
者,是那些若未穷尽关于某一主题的讨论便绝不善罢甘休
的人,而对于同样的真理从种种不同的角度来穷尽相关的
探究,不是让人筋疲力竭,而是令人精神振奋。欧文的众多
著作实际上可以描述为一系列的神学系统,他的每一部作
品都有自身所围绕的神学重心。三一上帝的真理,即三位
一体的创造主成了三位一体的救赎主,总会作为他所有论
述的终极参照,而基督徒的实际生活也是他通常关注的
主题。

　　欧文的生命体现了清教徒最为宝贵的敬虔传统。"欧
文一生所有的成就都闪耀着他圣洁生命的光辉",他曾经的
下级同事大卫·克拉森(David Clarkson)在欧文的追思礼
拜上如此说道。作为一名传道人,欧文坚守着他自己的座
右铭,"一个向自己灵魂传道的传道者,才能很好地向他人
传讲真理",并宣称:"我需要本着良知和诚实承认,如果没
有圣灵让我在属天的真理上有所看见,并且让我能够发自

内心地与《诗篇》的作者同声高呼'我因信,所以如此说话',
我绝对无法想象自己具备相应的能力和知识,可以写出任
何一篇有关真理的文章来,更无从谈起将这样的内容公之
于众了。"由此,我们可以理解为什么欧文在探查人心幽暗
之时总是充满了权柄和能力。"他的文章随处彰显着真理
之光,这让他的读者不由得叹服这些文字就是专门为着自
己而写的"(安德鲁·托马森[Andrew Thomson])。欧文的
《治死罪》就是这样一部极具代表性的力作。

治死罪的智慧

这本被欧文自己称为"论述"性质的书,实际上是一系
列有关《罗马书》8: 13("你们若靠着圣灵治死身体的恶行
就必要活着")的讲章。欧文在牛津宣讲了这些讲章之后,
于 1656 年将其出版成书(增补版于 1658 年问世)。有人说
简·奥斯汀(Jane Austen)的小说要先看上四遍,意思是只
有在读过四遍之后,读者才能渐渐体会到她作品中那种极
为优美的结构平衡、似隐似现的讽喻以及精妙的幽默。欧
文的这些讲章也是如此,读者唯有反复阅读才能充分感受
到其中深入洞察的思想之光。这些讲章,从消极层面来看
待上帝在信徒生命中成圣(即信徒的生命品格按着基督的
形象而被更新)的工作。从加尔文开始,改革宗的教师通常
都会将圣灵的成圣工作分为积极层面(信徒在各种美德上

的进取与增长)和消极层面(治死自己的罪)。这一点正如
《威斯敏斯特信条》(13：1)所言：

> 凡蒙有效恩召并重生的人,他们里面既有新心和新
> 灵被创造出来,便借着基督的受死和复活,并他那在他们
> 里面内住的圣道和圣灵,进一步达到个人实际的成圣;罪
> 在整个身上的权势被除灭,各种邪情私欲也逐渐被削弱、
> 治死。并且,他们在一切与救恩相伴的美德上越来越清
> 醒、坚固,以至能够践行出真正的圣洁来,而人若非圣洁
> 就不能见主。

圣徒如何克制并治死罪,是欧文在这本书中所关心的
主题。他竭力通过圣经来阐明有关的神学,从而让我们看
到上帝在对付罪的问题上有着怎样的心意、智慧、工作和方
法。为了尽可能地让自己的观点便于实践,欧文在论述的
过程中提出了这样的问题：

> 假设有这样一个信徒,虽然他真实地经历了上帝的
> 拯救,然而他仍看到自己里面罪的顽梗,导致他不得不屈
> 从于肉体的律。罪让他的内心充满了愁苦,让他的思想
> 充满了困惑,让他的灵魂也因无法与圣洁的上帝有亲密
> 的交通而极其软弱,搅扰他让他心中没有平安。也许,罪

还会玷污他的良知,让他活在罪的欺骗之中,心渐渐变得刚硬。他当如何来面对这样的危机? 他该采取怎样的措施,做何种努力才能克服这罪、贪欲、心烦意乱或腐化败坏……?

此后,欧文在书中提出了一系列信徒应当明确知晓并且去实践的事,从而回答了之前的问题。

前面我提到过欧文的书如何让我学会了正确的属灵分辨。从那时起到现在六十多年过去了,我仍深信今天的我能够成为一名道德、信仰和神学上的现实主义者,这当中欧文的著作所发挥的影响是任何其他的神学家无法相比的。他帮助我探求到我存在的根基。他教导我明白了罪的本质,让我确信自己一生都要竭力与罪争战,并且让我学会与罪争战的方法。他让我意识到,一个人内心的所思所想对于他的灵命是何等重要。他让我学会分辨圣灵在信徒身上的工作到底有着怎样的性质,以及信徒属灵生命成长和信心得胜的本质是什么。他让我看到基督徒身份对我而言的意义,并让我明白当如何谦卑、诚实地活在上帝面前,从而避免成为假冒为善之辈。欧文所有的论述都与他的释经密切相连,他从圣经的叙事和教导中带出极为丰富的实践内涵,其精确与深刻在我看来是古往今来绝无仅有的。然而,所有欧文所带给我的洞见都始于我最初读到的他关于治死罪的论著。这本小书仿佛是一座属灵的金矿,我如何竭力推荐都不为过。

寻找切入点

尽管如此,写这篇序文时我仍意识到,在阅读欧文这本书的过程中,有的读者会发现很难调频到欧文的"波段"。之所以会出现这样的情况,不只是缘于欧文庄严的拉丁化英文过于讲究修辞,以及偶尔的古怪用词让他们裹步不前,更是因为他们深受今天基督徒培育上不足之处的影响。这种情况尤其体现在以下四个方面:

首先,我们今天对**上帝的圣洁**强调得不够。在圣经和欧文的书中,常常都会突出地提到"那至圣者"的圣洁。圣洁也被称为是上帝的第一属性,它是创造主区别于受造物的最重要特质。上帝因他的圣洁而远超乎我们这些软弱的世人;因着他的圣洁,我们也看到他的能力是何等超然可畏;同样是因为上帝的圣洁,他鉴察我们的良心,显明和责备我们里面的罪。然而,在今天,上帝的圣洁被严重地忽视,这导致过分渲染上帝的怜悯和慈爱,就如同想象一位仁慈和善的叔叔一样去想象上帝。这种与上帝圣洁属性的疏离造成的问题之一便在于,我们很难再去相信圣经的作者们——即撰写圣经的先知、《诗篇》作者、历史书作者、使徒,当然还有主耶稣基督自己——的那位圣洁上帝,是我们要实实在在面对的真实的上帝。与之相比，清教徒却高举上帝的圣洁。因此，在这里，我们需要向他们看齐，调整我们的观念。唯有如此，我们才能真正领会欧文在这本书中所表达的神学。

第二，我们今天对信徒**内心动机与愿望**的分辨不够。在圣经和欧文的书中，愿望被视为反映着一个人内心的光景，而他内心的动机则是测试他一切行为或善或恶的关键。如果一个人的内心充满了败坏，也就是说缺乏对上帝的敬畏和爱慕，又没有那谦卑且乐意饶恕人的灵，与此同时却被骄傲、追逐私利的野心、嫉妒、贪婪、仇恨、淫乱及类似的恶念所充满，那么这个人无论做什么都不可能在上帝的眼中被看为义，这一点正如耶稣所不断向法利赛人指出的一样。然而，今天的信徒经常如同当日的法利赛人一样，将道德生活降低成对某种角色的扮演，已习惯于仅仅依照他人的期望来展现自己的言行。他们一方面履行着个人的角色清单，另一方面却对自己内心深处的贪欲、怒火和仇恨视而不见。然而，这种外在导向的自我评价模式，却不是上帝用来衡量我们的方法。当圣经要求基督徒去治死罪时，意思并不是仅仅让我们去改掉那些不好的习惯，而是让我们完全弃绝那些罪恶的欲望和冲动。欧文希望帮助读者活出这样的得胜，在他的著作中充满了这样的关注。我们需要据此来调整自己的着眼点，从而真正理解欧文写作此书的意图。

第三，我们今天对**自我省察的必要性**认识得不够。圣经和欧文的书向我们指出堕落人心的欺骗,以及对自我的无知将会陷入何等的危险。这种欺骗会让一个人对自己的内心以及生命的光景都持乐观态度,然而那鉴察人心肺腑的上帝却视两者为可恼怒的。在我们的时代,对那些藏于内心深处、难以名状的动机最为关注的是专业的心理医生,而基督徒却普遍忽视对自身以及其他信徒内心光景的分辨,不去省察那些以各种形式存在于人心之中的自欺,这是何等的讽刺啊!作为清教现实主义者的欧文深知,就我们的真实动机和目的而言,我们经常愚弄自己或者被人愚弄,因而他强调信徒必须要倚靠圣经来自我省察,去面对那些我们心中需要被克服的不良习惯。我们需要改变自己的思维定式,才能认同欧文对人性幽暗的揭露。

最后,我们今天对**上帝改变生命的大能**强调得不够。在圣经和欧文的书中我们看到,个人的蒙恩得救都指向信徒内心的改变:在道德上的改变根植于对信望爱持之以恒的实践,不断倚靠基督之死拯救人脱离罪恶权势的大能,并且不断显明的圣灵的大能引导人产生效法基督的态度和行为。虽然欧文将我从中解救出来的那套关于超自然生命的秘诀是错误的,但是那种期待——基督徒通过向耶稣祷告来从心里摆脱犯罪欲望——本身是完全正确的。然而令人遗憾、甚至蒙羞的是,今天一方面在各种事工上高呼基督和圣灵的能力,另一方面却极少在对付罪的事上向耶稣祷告。与之相比,欧文要将那真正脱离犯罪欲望的祝福带给我们,因他深信这对于信徒而言是不可或缺的。"请将信心放在基督身上,靠他治死你的罪,"欧文如此写道,"主所流出的宝血必将医治那被罪压伤的灵魂。活在这一真理中吧,如此你就会成为得胜者。是的,借着上帝那良善的护理和带领,你必会亲眼看到自己一切的邪情私欲都将死在你的脚前。"在此,我要再次强调,我们需要调整自己的关注与期望,才能真正从欧文的指导中获益。

来读这本书吧,愿你满怀期待并得以认识,你的救主和他的圣灵有大能救你摆脱一切邪情私欲的捆绑。愿上帝赐下渴慕寻求他的心志,让我们终能明白并活出欧文在此所阐释的真理。

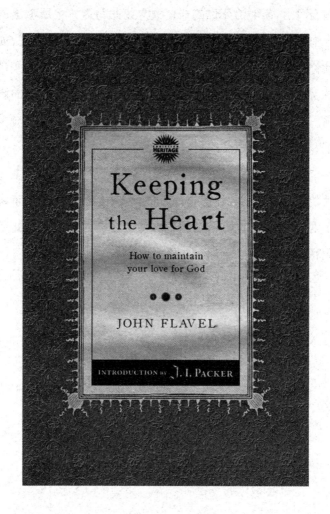

Keeping
the Heart

How to maintain
your love for God

● ● ●

JOHN FLAVEL

INTRODUCTION BY J. I. PACKER

第六章
约翰·弗拉维尔:
《保守你心》

一

　　真基督教有怎样的特征？理查德·巴克斯特标志性的回答是"操练内心和默想天堂"（Heart-work and heaven-work）。对于这样的观点，相信约翰·弗拉维尔和其他所有的清教徒教师都会完全赞同。过去，人们从以下方面判断真基督教：正统教义、正确行为、圣职制度、圣礼施行、是否避免宗教融合，以及各种其他指标。然而，清教徒群体将它确切地定义为信徒与上帝的相交，更具体而言即信徒借着中保耶稣基督与三位一体真神的相交。这正是巴克斯特所提出的那两个短语的意思。"默想天堂"正是巴克斯特本人所推崇的属灵操练，在这样的操练中信徒应激发自己每日去默想末后与主同在天堂的美好。它的目标在于,让我们在做门徒的过程中尽可能保持最大活力,正如那奋勇向前、直奔标竿的人(我们完全可以这样形容基督徒的人生),他的眼目总会定睛在终点之上一样。"操练内心"意味着信徒需要不断操练自我警戒与劝勉,常常自我省察,从而激励自己火热爱主,向他委身,并以坚定的心志去抵挡信仰道路上各样的灰心与敌意。清教徒相信,在上帝对万事的护理中这些都是自己必须去面对的。对于这方面的真理,弗拉维尔在他的《保守你心》(第一版书名是《真正的圣徒》[*A Saint Indeed*])一书中做了极为宝贵的阐释,稍后我们就可以看到。

"心"这个词是弗拉维尔与巴克斯特常常使用的,它到底是指什么?清教徒对心的理解并非是指医学意义上那个将血液输送到全身各个部位的器官,而是在圣经神学和人类学意义上指向个人生命的主要动力核心。圣经千百次使用这个词,向我们突出、显明并强调着这样的真理:

1. 我们一切的所做所思都源自我们的心,被它所控制,并反映着我们的本性。我们一切的思想、愿望、感知、意志,我们的筹算和目的,我们的情感、态度和志向,我们所有的智慧或愚蠢,都出于我们的心,且被它所强化、维系并推动——去行善或作恶。主耶稣自己也表明他深知这一点,在圣经中他如此说道:"你们既是恶人,怎能说出好话来呢?因为心里所充满的,口里就说出来"(太 12: 34),又说:"因为从里面,就是从人心里发出恶念、苟合、偷盗、凶杀、奸淫、贪婪、邪恶、诡诈、淫荡、嫉妒、谤讟、骄傲、狂妄。这一切的恶都是从里面出来,且能污秽人"(可 7：21—23)。

2. 上帝在基督里所赐给我们的救恩,根植于对人心的再造和更新。对此,先知以西结在他关于被掳以色列民将要被上帝复兴的预言中,有过这样的描述:"我也要赐给你们一个新心,将新灵放在你们里面,又从你们的肉体中除掉石心,赐给你们肉心。我必将我的灵放在你们里面,使你们顺从我的律例,谨守遵行我的典章。"(结 36：26—27)这种被上帝所造的新心,一方面是我们信心的源泉,借着它我们能够专心仰望耶稣基督和福音的应许,从而进入到一种崭新的被上帝所接纳的关系中。另一方面,它也是我们爱的源泉,而爱的对象既是上帝也包括了世人:一方面我们渴慕在凡事上以感恩、坚贞的心志去尊崇上帝、讨他的喜悦,另一方面我们又愿意为所有邻舍和亲友以及一切在人生道路上相遇的人谋求益处。以这些方式存在的"新心",正是我们得救的明证,而养成并保持这种内心的敬虔正是"操练内心"所要达成的——实事求是地说,这确实是一种需要付出努力的"操练"。

讨论到这里,我们便可以进一步来介绍弗拉维尔和他的这本书了。而在评论此书之前,我们有必要先来了解一下作者本人。

二

弗拉维尔 1628 年生于伍斯特郡的布罗姆斯格拉芙,是一位传道人的儿子。弗拉维尔也从小立志要成为一名传道人,这样的初衷从未改变。1650 年他从牛津大学毕业后,成为一名牧师。1656 年他搬至港口城市德文郡的达特茅斯,在那里的服侍让他为人所知。他以典型的清教徒风格的讲道而闻名,通过释经、辨析、教导、应用、洞察、引人悔改和劝勉,上帝大能的膏抹令他的讲台服侍大有果效。从他的著作中我们可以看到,弗拉维尔那平实的清教徒风格背后有着清晰的思路和雄辩的论证,在所涉及的一切主题上他都坚持正统的教义,强调以基督为中心与生命的改变。此外我们还能感受到弗拉维尔对于推进真敬虔的迫切关注,以及他在主基督里的喜乐与平安。从有关他的记载中我们得知,弗拉维尔将大量的时间用在默想、自省和祷告上,并且他至少有过一次非同寻常的对上帝的奇妙经历。据说有一次弗拉维尔在马背上默想时,"突然他的思想一浪高过一浪地向自己涌来,仿佛先知以西结在异象中所看到的大水,直到最后将他完全淹没在其中。当时他的这种感受是如此强烈,那属天的美好令他喜不自胜,对永生的福分是如此确信,以至于他完全不去注视和感知这世上的所有以及其中所有令人挂虑之事。一连几个小时,他对自己身在何处毫无意识,仿佛完全沉睡了一般"。体力不支的他在路边的一个水池旁稍事休息,"坐下来,洗涤尘垢之后,弗拉维尔迫切向主祷告说,如果这是上帝的心意,他愿意此处就成为自己的离世之所,死亡此时在他眼中显出一种从未有过的美好。他当时相信,自己行将死亡。事后,除了能够回忆起耶稣基督那让一切变得极其美好的圣容之外,再没有任何属世的牵挂在那一刻进入过他的脑海,就连他亲爱的妻子和孩子也不例外"。当他最终到达所要去的旅店后,旅店的老板见面的第一句话便是:"先生,怎么了? 你看起来像个死人。"对此弗拉维尔却回答道:"我这一生从来没有像现在这样幸福。"在旅店中,"弗拉维尔依然感受着那种属天的喜悦,甚至夜不能寐。上帝赐下的喜乐一直涌溢在他心中,他似乎成了另一个世界的居民。多年后,弗拉维尔称那一天为'天堂中的一日'"。我们可以联想到保罗曾被主提到一个他称为第三层天的地方;爱德华兹有一次在步行经过一片树林时,突然强烈地意识到上帝那无比真实的荣美,被感动得泣不成声。行文至此,我们也不妨稍作停留,一同默想上帝的奇妙可畏。

1660 年英王复辟,紧接着颁布了统一法令,重建英国国教。1662 年,弗拉维尔因为不从国教的缘故被撤销了牧师职分。然而,他所服侍的教区的信徒仍要求他继续牧养的工作(当时已为非法),而且他一做就是二十年。为了讲道,他常常出没于私人住所、林地、索尔科姆河口在退潮时会显露的礁石岛屿,以及其他一些能够避开法律制约的地方。1682—1685 年,弗拉维尔加入了一间伦敦的公理会教会,在那里协助教会的牧师,即他的朋友和《犹大书》的注释者威廉·詹金(William Jenkyn)。在此期间,躲避当局的搜捕(地方法官派出的搜捕队)成了他生活的一部分。到 1687 年詹姆斯二世撤销针对不从国教牧者事工的禁令时,弗拉维尔已经回到了达特茅斯。当地仍旧对他敬爱如初的信徒,立即建起了一座宽大的教堂,让他在那里继续侍奉。弗拉维尔于 1691 年离世,留下了一份关于圣经和灵修的解经著作遗产。这份遗作起初以两个大的对开本出版之后,于 1968 年再版,有六卷,共三千六百页。

三

在《保守你心》一书中,弗拉维尔带我们进入在他看来基督徒内在属灵操练最为关键的层面。对于信徒而言,它是敬拜和祷告的关键,是信望爱的关键,是谦卑、和平、喜乐的关键,是单纯爱主、专心顺服的关键。那么,到底何种操练如此关键? 我们可以称其为自我警戒式的默想(admonitory meditation)。在此操练中,信徒将按照一定的方式对几个极为重要的问题进行思考,以此坚固自己的信心,无论在何等环境中都能立定心志与上帝同行。与此同时,这种操练也将在我们被罪诱惑、偏离正道之时提醒我们悔改,帮助我们重新立志单单遵行上帝的旨意。信徒对上帝的偏离始于他们头脑中的想法,始于他们考虑接受真实或潜在的不端行为——无论是道德方面的,还是按照情况而定的——而不是把事情带到上帝面前。而自我警戒式默想的操练,实际上就是一个在上帝面前与自己交谈,提醒自己关于上帝旨意的真理和基督所赐的恩典,从而让自己得着激励和坚固,重新立志活出信靠主的人生,无论遭遇再大的艰难都将坚持不懈。这些真理将会通过信徒应用性的默想,再一次在他们心中扎根,并激励他们以更大的热诚投入祷告,求主带领他们在任何处境中都与主同行。弗拉维尔非常清醒地意识到,罪和撒但一直都在引诱我们随从一丝盲目的欲望,不计后果。他知道,对于信徒而言,去抵挡这些远离上帝的意念和情绪是多么重要。一个人如果不能制止这些败坏的心思意念而任由它们控制我们,就必将被毁灭。《保守你心》大部分的内容都致力于陈列出最佳的思想形态,帮助我们在追求主的道路上遇到试探时,能坚固我们。

我猜想,今天绝大多数的信徒在遇到试探时,内心极少会再与自己做这样的辩论了,难道不是这样吗?我们常会以为自己面对内心或外界的试探时,能立刻察觉到罪的逼近,并凭着简单地说一声"不",而将其消灭在萌芽之中。但事实上,要让一个人的内心恒久热诚地渴慕上帝的荣耀,并自觉自愿地亲近主,绝非那么容易。以为在遇到试探时,我们不用经历内心的争战与努力,仅仅靠说一声"不"就能够解决问题,充分暴露出我们在信仰上是多么不切实际,又多么容易陷于自欺,将那些原本错误愚蠢的事当成正确智慧的事。同时,还暴露出我们已陷入那种 T. S. 艾略特(T. S. Eliot)所描述的"终极背叛:基于错误的理由去做正确的事"之中。弗拉维尔在他的书中明确指出:胜过罪的试探绝没有捷径可走,在试探面前漫不经心地倚靠、相信自己是一条通向属灵自杀的高速公路。还等什么?让我们现在就来靠近弗拉维尔,聆听这位属灵伟人的智慧之言吧。

第七章（上）
托马斯·波士顿：
《得人如得鱼的艺术》

一

1699 年 1 月，刚满二十二岁便在苏格兰长老会取得传道资格，但尚未就任教区牧师的托马斯·波士顿，"写了一篇关于得人如得鱼的艺术的独白"。这篇独白在形式上是写给自己的训诫式默想，鼓励自己去效法耶稣作为传道事工的典范。在 1730 年，临近生命终点的波士顿在为他的孩子编辑的回忆录中，回忆了此文的由来。

1699 年 1 月 6 日，在私下里阅读时，我的心突然被《马太福音》4：19 的经文所触动，"来跟从我，我要叫你们得人如得鱼一样"。当时我的灵魂发出呼喊，切愿这样的话能够成就在我生命之中,并且我极其渴望知道该如何去跟从基督,成为得人的渔夫。根据我内心的看见,我以那种方式对这个主题向自己陈述……这些草草写下的文字见证了我当时内心的火热……[1]

这些按波士顿的话来说"草草写下"的文字,一直没能完成(这并不是说,今天读来此书在内容上存在任何缺失)。直到 1773 年出版之后,他家人以外的其他人才得以读到这些文字。然而在此之后,它却被历代新教徒所推崇。他们将这本书与巴克斯特的《归正的牧者》(*Reformed Pastor*)相并列,视其为有关福音事工的经典之作。这样的评价也是我所完全认同的,因此愿将这本书推荐给诸位读者。

一位年仅二十二岁、刚刚开始自己传道生涯的牧者能够写出一部经典的属灵著作,这样的成就不由得令人啧啧称奇。然而,波士顿就是这样一个不同寻常的人。他的父母是虔诚而严谨的长老会信徒(儿时的波士顿,就曾因为父亲不从国教的原因而陪伴他入狱)。在十一岁时,波士顿对自己的重生有了清晰的确信,而这种转变是通过当时六十二岁的经验丰富的圣徒亨利·厄斯金(Henry Erskine)的事工。在 1662 年,有两千名清教徒牧者被免除圣职时,亨利·厄斯金就在他们中间。1687 年的冬季,厄斯金在距离波士顿家四英里的一间教会牧会。波士顿的父亲带他去听厄斯金讲道，立刻给波士顿的灵命带来了深刻的影响。"在冬天，有时我需要一个人去聚会，没有了骑马之便，我需要徒步穿越布莱克埃德的水域。那种在严寒时节涉水的感受，我至今记忆犹新。然而上帝大有能力的圣言吸引了我，并使我受益匪浅。因此，这样的难处在当时被轻易克服了。"[2] "现在我非常确信，那时的我对于耶稣基督的救恩有着迫切的渴求。我的灵魂努力去寻求他，他临在的地方在我眼中无比荣耀。"[3] 波士顿和同校其他两位信主的男孩"经常在家中父亲的一个房间里祷告、读经、进行属灵的交流。这段经历让我们在知识和爱心上，都获得了不小的长进"。[4] 正是在那段时间中，波士顿养成了自己保持一生之久的属灵习惯，即严谨的自我省察、不倦的祷告以及系统的读经默想。

此外，我们绝不应忽略，波士顿除了对属灵之事敏感之外，还有着极为出色的才智、过目不忘的记忆力以及语言天赋。他总是能够手中执笔，全神贯注地思考，思如泉涌地写下自己的观点和论证。他在年少时就展现出的那种神学信念方面的严谨清晰、对传道牧养事工呼召的强烈认同，以及对圣经精义的深刻洞见，令人极为钦佩他生命的早熟与睿智。从波士顿青年时的人生足迹中，明显可见被后世的爱德华兹称作"真正属灵伟人"的那种生命特质。同时，我们也能清晰感受到波士顿有着那种叩击人心的能力，这种能力在他后来所著的更伟大作品《人性的四重状态》(The Fourfold State, 1720)中，更是体现得淋漓尽致。

综上所述,尽管我们可能还对《得人如得鱼的艺术》心存惊叹,但这本书的卓然品质已是我们可以理解的了。

二

波士顿是一名传统的苏格兰清教徒(用这个词正合适;"清教徒"在苏格兰的使用,并未像在英格兰那样作为一个贬义的"标签")。《威斯敏斯特信条》及其大、小教理问答,是对清教徒的信仰及其敬虔生活之原则最为经典的表述。在波士顿所处的年代,它们同时也是苏格兰教会所接受的权威准则。这些文本将清教徒思想最为重要的特征展现在我们面前,了解它们将会非常有助于我们去欣赏《得人如得鱼的艺术》的教牧神学。

当年,威斯敏斯特大会形成的准则性文本,是由英格兰和苏格兰公认的杰出牧者们共同完成的。前人为这些在十七世纪四十年代中期肩负使命的牧者,留下了宝贵的属灵遗产和事工榜样。宗教改革初期的那些先锋,为他们划定了有关纯正信仰的边界和尺度,并为他们确定了所要发展的神学路径。此类贡献包括十六世纪制订的许多新教信仰告白,也包括当时他们被指控要取代的圣公会《三十九条信纲》;加尔文和诺克斯以来的神学释经遗产;超过百年的激烈的国际神学争论,涉及改革宗立场与罗马天主教、路德宗以及阿明尼乌派(Arminian)差异的内容已被印制成书;众多清教徒牧者也制定了数十部教理问答，与此同时他们还积累了大量传授教理问答的经验；天主教和新教的学者均出版了大量关于圣经文本的解经和应用方面的著作；最后我们还要看到英国"热忱而务实"的清教徒牧者撰写的大量有关悔改和操练基督徒敬虔的文章，所发挥的影响同样不容忽视。威斯敏斯特神学方法的基础在于，对圣经是出于上帝无误的默示以及圣经内在的连贯性深信不疑，并认定唯独那些被圣经自身所证实的结论，才可以视为忠实反映上帝真理的教导。凭借着上述属灵资源以及牧者们对圣经字斟句酌的严谨推敲，威斯敏斯特神学无论在风格上还是内容上都堪称精湛绝伦。之所以称它奠定了日后大西洋两岸长老会与改革宗神学的发展，其原因正在于此。

威斯敏斯特神学是三位一体的神学，它将诠释的重心放在人类的创造者和审判者如何成为人类的救赎主：天父上帝借着他永恒的计划，让道成肉身的耶稣基督成为我们的中保，借着圣灵保惠师赐予我们重生。我们可以将上帝拯救的计划看成是围绕两个圆心而画成的椭圆：其中上帝的恩典之约可以看作椭圆的第一个圆心，借此盟约上帝凭着基督所成就的义和所流出的赦罪宝血，恢复了自己作为创造主与受造之人类的关系；通过圣灵与基督联合，信徒获得重生，并且堕落的人性被再造，是椭圆的第二个圆心。所有这些意味着主耶稣基督，即那位道成肉身的上帝，为了要救赎我们，曾死在十字架上，然而他却复活、掌权，并且有一天将会再来审判世人。他是所有信徒信望爱和喜乐的直接对象。普世教会的所有信徒都互为肢体,而按照上帝的命令宣讲圣道、施行圣礼并敬拜赞美的普世教会,构成了上帝施行救恩的领域。基督是教会的头,圣灵赐予所有信徒活出属灵生命的能力,而教会则是所有信徒在这个世界中的家。以上可以看成是威斯敏斯特神学的内核。

从《威斯敏斯特信条》和大、小教理问答中,我们直接或间接地看到一些清教徒对于一个人悔改归信基督有着怎样的理解。在他们眼中,这实际上是一个过程,它始于一个人意识到自己是罪人这个事实,因而从内心的自满转为内心的不安,并进而思索与上帝有关的信心、悔改以及新生命的问题。最后得着上帝所赐的信心,以至于深知上帝已赐给他能力离弃罪,并放下自我、全心信靠基督这位背负我们罪恶的羔羊,以他为自己的挚爱、主宰和生命。正是在这样的过程中,一个人的内心得到更新。"得人如得鱼"的事工在波士顿看来就是,通过牧者在讲台上的公开服侍以及在私下一对一的劝诫,来让上帝在人的心中动工,带领他们进入对信仰完全的委身之中,让他们能够意识到自己内心所不断发生的改变,并因此确信自己已得着了从上帝而来那新造的生命。

参与威斯敏斯特大会的清教徒牧者们清晰地认识到,堕落的人心是多么容易为自己制造乐观的假象并以此自我欺骗,因此他们非常强调信徒的自我质疑与自我省察。这样的属灵操练绝非病态的自责与控诉，而与之相反，自我省察是一个鼓舞人心的操练，也能让重生的信徒在自己里面看到圣灵带来的新生命记号。只有被基督重生的人才能真正地跟随基督，对于这样的事实波士顿有清楚的认识，因此在《得人如得鱼的艺术》这本书的前几页，我们看到他这样的自我省察：

我相信我有圣灵的内住，也就是说我有从上帝而来的生命……以下几点可以作为我重生的明证……自己以前从未经历过的属灵的亮光，我现在开始有所经历……这亮光让我得见自己内心的种种罪恶……并且继续向我显明自己心中的卑劣……它让我看到基督是何等宝贵……让我去信靠他……我凡事都仰望他的作为，唯有他是我的帮助……在各样试探和考验中我的灵魂都竭力仰望他。我得到了从圣灵而来的帮助……不知道有多少次，在祷告之前我极为灰心绝望，然而祷告之后却满有活力……在我心中我发现有三重火焰，虽然微弱，但却极为真实。第一重火焰是我对基督的爱……我爱他的真理……我爱他的应许……我爱他至为公义的警戒……我爱那些生命中彰显着上帝形象的人……我爱上帝的作为……我爱他的律例法度……我爱他的荣耀，盼望他的荣耀在我身上彰显。第二重火焰是我对基督公义的渴慕……基督将自己的义归算在我身上,使我得着了称义的地位,这是我的心乐意接受的……有时我的灵魂渴慕被融化,并与基督的同在……第三重火焰是我对上帝的热诚……我人生的每一步都在靠近天堂……对于基督和他的作为我比以前更为熟悉……我里面的爱在成长……与以往相比,我相信自己现在能够更加信靠主……我的灵魂也比以往更加习惯于警醒。我不敢再像之前有时所做的那样,让自己的心活在那种自由之中……我意识到自己对于这个世界越来越轻看。这样的心志在我里面不断增长,为此我要赞美主。(第50页及以下)

"Evangelism"(福音传道)这个词波士顿并不知晓,但这个词在下面的意义上相当于"得人如得鱼"对波士顿来说的意义:唤醒未归信者,让他们看到自己需要基督,带领他们认信悔改,并让他们在自我省察中不断去确认那新造的生命,坚固对主的信心。这也是波士顿想从耶稣的榜样中学习的技能,因为耶稣曾亲自实践这种赢得人灵魂的侍奉。

三

清教徒福音传道由讲道与教牧劝诫两部分构成。在他们看来,这是一项需要花时间的事工。当宣讲上帝圣道时,听众通常会获得某些突然而强烈的属灵经历,但是接受《威斯敏斯特信条》传统的牧者却对一个人悔改归信的过程持非常现实的观点。他们认为，这个过程从开始到结束一般都要持续几个月，就像婴孩所经历的从受孕到分娩的过程一样。在这方面，波士顿这类牧者的认识应该成为我们今日重要的提醒。今天的时代，在公共场合举办的大型福音布道会已成为基督教的常见景观，大会的讲员都是那些被特别邀请来的、擅长带领此类布道会的自由布道家，而在福音派信徒的头脑中，一个人的悔改归信也通常被看成是一种短时间内发生且性质特异的事件，一个人可以通过决志祷告的特定陈述而归信基督，这种归信有明确的发生时间。很显然，这种观念是福音大会所衍生的。在这样的布道大会上，讲员一般都会先有些预热和暖场作为铺垫，进而引入人的罪和上帝恩典的主题，由此呼吁听众跟随基督。对于那些愿意悔改接受主的人，讲员会联络更多的辅导人员，让后者来跟进坚固这些人的信心。尽管这种浪漫的想法在某种程度上反映了悔改归信的实质，即一个人需要接受耶稣基督为自己的赦罪之主和生命之主，但与此同时它却误导人们，让他们以为悔改归信的整个过程可以在一两个小时之内完成。同样的错误还在于，我们有时会以为是福音大会主讲人的超常恩赐和现场表现决定了大会引人归主的效果。

　　尽管上帝可以特别地使用那些福音大会的布道家，借着他们以一种奇妙的方式来推进或者促成某些听众的归信,但现实中我们还是应该明白悔改归信的过程有很多其他的阶段,而在这个过程中最为关键的因素是上帝施恩的主权。今天与波士顿当年相比,上帝带领一个人悔改所采取的主要方式都是一样的,即通过敬虔的父母、朋友和教会牧者持续的见证、教导和鼓励陪伴,以及传道人在主日崇拜中合乎圣经地阐述福音来影响未信者。因此,对于教会而言,若要在"得人如得鱼"这项持续到主再来的事工上尽忠,最为重要的就是在上述方面不间断地投入,并且也离不开明确周全的目标设定以及迫切专注的祷告支持。

四

波士顿在写《得人如得鱼的艺术》一书时正作为一名实习传道人,筹划着自己未来的教牧生涯。可以想见,在这本书中波士顿最为关注的,是自己当下和未来在侍奉中将面临的需要、挑战和易犯的错误,而在后半部分中波士顿则向我们阐释了跟随基督、向主尽忠的侍奉意味着什么。从这个角度而言,《得人如得鱼的艺术》堪称一本有助于不同年龄阶段的牧者每年进行自我省察的经典之作。书中所反映的波士顿那种慎思明辨、直面挑战、鉴察人心的智慧,无疑是我们这一代传道人无法企及的。以下是对他真知灼见的一个粗略总结。

上帝呼召我们牧养他的羊群,波士顿说,这要求我们至少在以下细节方面效法耶稣基督：

1. 向主忠心。为了坚持这个原则，即使要付上得罪他人、让人恨恶自己的代价也在所不惜。我们必须拒绝那些心怀二意之人体贴肉体的建议，以及随波逐流者对上帝信息的弱化。与此同时，我们必须毫无隐瞒地正面呈现人的罪性以及上帝恩典的事实。这要求我们在必须发出责备之时绝不姑息胆怯，并将结果完全交托上帝。

2. 传福音的目标。"在基督眼中人的灵魂无比宝贵……所以在你讲道时，心中要谨记这一点，去竭力寻找那些迷羊……使当中的人得以回转，被带到主面前。"

3. 常常祷告。基督在传道之前或之后，都会在祷告上投入时间精力，我们也当如此行。

4. 心思单纯。不被任何个人利益的动机所困。

5. 竭力寻求被主所用。耶稣利用一切的机会，"在任何处境下都不忘教导劝勉、责备提醒"，无论是一对一还是面对一大群人均是如此。我们也需要这样，"掌握那属天的化学程式，从各种属世的事物中萃取属灵的事物"，并且"若是出于上帝的呼召，就不要拒绝任何传讲真理的机会"。"如果基督再来时发现你正游手好闲，而之前他给你的呼召是让你去殷勤做工，那时你该如何面对这位主？那些为主的事工而舍命的人有福了。"这是他书中最末了的话。

在波士顿去世一个半世纪之后，另一位苏格兰人贺拉提乌·波纳(Horatius Bonar)创作过一首有关福音事工的极其激励人心的诗歌。不知是出于波纳的有心还是无意,这首诗歌恰好完美地概括了波士顿在《得人如得鱼的艺术》一书中的教导和劝诫。我猜想(当然,这是我无法证实的),波纳十分了解波士顿的著作,并且完全认同后者对于福音事工的理解。他所写的这首赞美诗,无疑可以称为另一部帮助牧者定期对照自省的佳作。我想,对这篇序文最好的结尾,莫过于全文呈现这首诗歌。这相当于让我们从中领略波士顿信息的精华。

兴起做工,为主摆上,
为父旨意,喜乐担当;
我主既已奔赴在先,
仆人岂不循其脚踪?

兴起做工,趁日未落;
暗夜将至,再无机会。
我当奋勇毫无懈怠,
方能为主得人如鱼。

殷勤不倦,警醒祷告,
靠主明智,劝人悔改;
奉命前往各处大道,

勉强人来赴主爱宴。

劳苦服侍，喜乐同在，
安息与共，争战凯旋；
不久即闻新郎呼唤，
夜半主说："看啊，我来！"

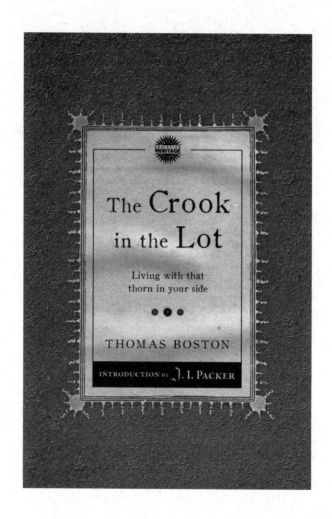

The Crook
in the Lot

Living with that
thorn in your side

• • •

THOMAS BOSTON

INTRODUCTION BY J. I. PACKER

第七章（中）
托马斯·波士顿：
《人生必经的崎岖挫折》

—

作为一个在北美生活了三十二年的英国人，亲身经历了文化巨变的时代之后，现在的我可以说对美式英语遣词用句的熟悉程度早已超过了我对英式英语的运用。因此，我下面的文字很有可能无法直接适用于大西洋东海岸的处境。但有一点是确定的，如果北美的一个普通人——比如温哥华公交车上的人——听到 the crook in the lot* 这一短语，他很可能会以为你是在说犯罪分子惯于藏身的某处未

---

* 这个短语是本文所推荐波士顿著作的题目，译为"人生必经的崎岖挫折"，
是一种两百年前英式英语的表达。——译者注

经开发的不动产(英国人会称为"财产")。除此以外,他很难再揣测出这个短语的其他含义。然而,在托马斯·波士顿的用法中,crook 一词是在表达一种崎岖不平的意思,即那种人生当中充满艰辛、失意的方面。这些方面清教徒称其为人生的十字架,我们会把它们称为"鞋里的石子""床上的荆棘"等,是我们必须忍受的劳苦愁烦。而 lot 一词对波士顿而言所意指的是上帝在自己的护理之工中早已为其仆人安排好的人生道路。波士顿,这位曾在苏格兰南部埃特里克地区服侍的牧者,与爱德华兹一起,是将清教主义精神延续到十八世纪的杰出代表。这里所谓清教主义精神的核心是,以圣经为根基,以教会为中心,以信心为导向,以专注祷告为内容,推动个人属灵生命复兴的运动。这里介绍的这本关于人生苦难的小书,波士顿早先曾有意出版,然而到他离世之时却仍未付梓(1732 年,五十六岁的波士顿突然离世)。最终,这本书是由他的朋友于 1737 年出版,题目定为《人生必经的崎岖挫折:在人生苦难中所彰显的上帝的主权和智慧》(*The Crook in the Lot:The Sovereignty and Wisdom of God in the Afflictions of Men Displayed*)。这就是现在我们读到的这本书。

在电影《影子大地》(Shadow Lands)中,将 C. S. 路易斯描绘成一名毫无经验的理论家,自以为是地向公众发表着一些关于痛苦和悲伤的无知看法,直到有一天妻子的离世才让他开始真正认识苦难。这种叙事无疑是好莱坞所擅长的,而真实的C.S.路易斯并非如此。托马斯·波士顿的人生经历也一样与我们想象的不同。《人生必经的崎岖挫折》一书源于波士顿自传中称为"人生充满叹息"的时期。在他离世之前的八年时光中,波士顿一方面为了福音要应对苏格兰教会中非新教势力的持续挑战,另一方面要照顾因患抑郁症生活无法自理的妻子,而他本人也遭受病患,体内长了某种结石,自觉身体不断衰残。因此,当波士顿在《人生必经的崎岖挫折》中论述人生苦难时,他对于苦难的确有切身的体会。尽管这本书在论证分析中从未直接涉及作者自己,但是字里行间依然强烈地透露出波士顿对苦难的切身体会。

正如你将要看到的,这本书是以七篇讲道作为开始:有三篇是关于《传道书》7：13,"你要察看上帝的作为,因上帝使为曲的,谁能变为直呢?"有一篇是关于《箴言》16：19,"心里谦卑与穷乏人来往,强如将掳物与骄傲人同分"。还有三篇是关于《彼得前书》5：6,"所以你们要自卑,服在神大能的手下,到了时候他必叫你们升高"。波士顿拥有建筑师般整全而系统的头脑(爱德华兹称赞他是"一位真正的属灵伟人"),他喜欢通过系列的讲道,用不同经文来阐释某些关键主题。他以流畅的英语写出讲道文章,作为之后讲台讲道所做的必要预备。和他另一本更为著名的著作《人性的四重状态》一样,在本书中他也将那种出于圣经的真理之光完美而清晰地呈现在我们眼前,一方面可以强有力地说服读者去省察自己的内心,另一方面也让我们一次次地在一些具体问题上直面自我。这本书对我们产生的意外冲击,就像在我们存在的表层之下的深处引爆了一枚"深水炸弹"。因此,我们有理由去认同爱德华兹和上世纪众多清教徒对波士顿的评价,即在波士顿教导类作品中同样有着他在讲道中所彰显出的那种上帝的同在和恩膏;并且我们同样有理由认为,那种上帝注入波士顿心中的感动和能力,已全然渗透在他一切的语言表达之中。因此,在阅读这本书时,你应当期待上帝借着波士顿向你的心说话。

二

在去世前两年,波士顿写下了这样的话:"我要在耶稣基督里面赞美我的上帝,赞美他使我成为一名基督徒,赞美他在我年少之时就开始磨炼、塑造我的灵魂(通过亨利·厄斯金这位于 1662 年被英格兰圣公会逐出的牧师的讲台服侍,波士顿在十一岁时就归信了基督),赞美他使我成为福音的执事,并让我对他满有恩典的教义有真实的洞见。"这里所说的"真实的洞见"也是《人生必经的崎岖挫折》这本书的论述前提。对于这些前提,我们可以通过系统全面地研究从波士顿丰富而前后一致的作品来获得了解,也可以从《威斯敏斯特信条》及大、小教理问答中去具体了解。然而,考虑到当代读者很有可能没有时间或兴趣进行这类考察,并且当代人的思想也被不同的观念所占据。因此，在继续本文的论述之前，我将简要地提出一个教义框架，这也是波士顿在这本书中所有论证展开的基础。下面，我会用教导教理问答的方式，而非学术讨论的方式，将这个教义框架展现在读者面前。换句话说，这是向不了解基督教的人士所介绍的必要真理，为要使他们认识、爱慕、敬拜、服侍上帝，从而真正成为耶稣基督的门徒。

1. 三位一体的上帝，我们的生命存留全倚赖于他，我们的一切也都掌管在他手中。这位上帝将会按着他自己所定的时间，以或奖或罚的方式决定我们最终的命运。在他自己所创造的世界中，唯有他掌管着对万物至高的主权，连人类的自由选择也在他的权柄之下。

2. 人心生来就是自我中心、自我崇拜、自我服侍，对上帝的命令无动于衷或充满敌意。因此，人若不改变这样的状况，将被上帝最终定罪、弃绝、惩罚，并最终与上帝的爱和同在完全隔绝。

3. 耶稣基督是道成肉身的主和中保，承担着先知、祭司、君王的职分。他借着自己的被钉十字架、复活和掌权，为世人成就了福音，邀请并命令所有听到此救恩信息的人接受并信靠他，以他为自己的救主、主和挚友。因为唯有完全凭借他的作为并以他的名义，我们这些相信的人才能得着上帝的赦免，与上帝和好，被接到天父的家中承受儿子的名分，渐渐被改变成为圣子的样式。

4. 借着圣灵在人心中的重生工作，一切渴慕认识基督的人得以寻见这位上帝。那内住的圣灵从此以后将随时帮助他们，让他们靠着信心活出那属于基督门徒的新生命。

5. 所有信徒在自己一生的道路中都会遇到各种崎岖坎坷，上帝正是使用这些起初看来似乎痛苦的遭遇，来试验、坚固、降卑、纠正和教导我们，使我们更深地认识自己，更深地悔改，更加成圣，并且保护我们免于更大的邪恶，进而给我们带来上帝的祝福。

6. 对于信徒而言，如果他们能认识到自己一生中的所有艰难都不过是暂时的，并且相信上帝会时刻垂听他儿女在任何艰难处境中的祷告，以自己的信实一次次地搭救他们，那么，这将会让他们在所有上帝圣洁的管教中得着坚固，让他们在一切苦难中都能深信"万事都互相效力，叫爱上帝的人得益处，就是按他旨意被召的人"(罗 8：28)。

以上这些对基督教基本要义的简要表述，是波士顿期待他的读者有所认识的。他的著作会引导读者再次去认识很多相关的基要真理，对其中的一些他还进一步做了细节上的阐释。但是，我们需要看到，这一切都不是作为某种新观念而被提出的。波士顿非常明确自己的身份就是要帮助人们更深地认识这些基础要道，切实地活出那些在某种程度上他已知晓的圣经真理。也许波士顿书中的某些观点对我们来说非常新奇，但对于那些他当初的读者而言却并非如此。很显然，波士顿所处的时代的信徒接受教理问答方面教导的程度，要远高于我们所处的时代。想想今日教会和家庭生活已经抛弃了教理问答，我们便不会惊异于这种反差了。

尽管如此，我们却要看到唯有深入了解这些信仰要义，我们才能进入《人生必经的崎岖挫折》——容我这样说——去吸吮其中的甜蜜。

三

行文至此，让我们再来思考两个问题。

第一个问题：波士顿构思《人生必经的崎岖挫折》这本书是要向他的读者，即最早那些埃特里克的听众以及今天像你我这样的读者，传达怎样的信息？在书中，他对相关内容的选择和安排是为了取得怎样的效果？从牧养的角度而言，他希望通过写作本书达到怎样的目标？很久以前有人告诉我说，不设置特定目标的写作反而能够达成所愿。那么，波士顿所期望实现的又是什么呢？

对于这样的问题，我相信至少部分的答案在于波士顿希望借此教导众人。人群中流传着这样的说法：教牧事工最为优先考虑的三件事：第一是教导，第二是教导，第三还是教导。对此说法，波士顿无疑会表示赞成。传道的含义从清教徒牧者的传统来看，就是为了教导和应用，而应用首要在于让教导贯彻在信徒的思想中——离开这一点别的就无从谈起。坚持这个立场的理由在于，所有的真理唯有通过理解之后才能真正影响一个人的内心，而正统的基督教本质上就是对上帝启示真理的认信和顺服。上帝所启示的真理唯独记录在圣经之中，其内容有着不同的形式和体裁，包括叙事、寓言、论述、异象等，正如使徒保罗所说，"于教训、督责、使人归正、教导人学义，都是有益的"（提后 3：16）。波士顿的教导，从多方面帮助我们对圣经获得更深的理解。波士顿引用的经文更加照亮了他论述的真理，而这真理又反过来帮助我们明白这些经文在其上下文中的重要意义。波士顿的正典诠释方法（或正典释经）是我们今天所当大力推崇的。也就是说，圣经是一部包含了六十六卷书、由新旧约两部分组成的神学统一体，它完美而一致地将那身为创造主亦是救赎主之上帝的心意、作为及施恩方式呈现在世人眼前，让所有蒙召去效法基督的敬虔之人从中看到上帝的智慧，也得以明白世界和人生的意义。波士顿为我们提供的正典释经，在灵性和知识的层面完全可以与他的前辈加尔文以及许多清教徒圣徒相比肩，他所达到的高度是今天多数运用正典诠释方法释经的作品所无法企及的。波士顿的这本书之所以成为精彩绝伦的传世经典，有人认为是源于他对圣灵全然的倚靠，因为那感动圣经作者写出圣经的圣灵，也必然是圣经终极的诠释者。

波士顿在这本书中的基本论点,即书中他一切教导所指向的,可总结为"信徒需要对自己一生所遭遇的各种苦难形成一种正确的观念,而这种正确观念唯有通过在基督里的信心,而不能倚靠感觉获得。这是因为……唯有上帝的圣言才能让我们平衡、正确地看待这些苦难,从中体察到上帝的作为和美意,并最终让上帝使用这些苦难,促成我们属灵的完全"。波士顿默认其读者已经知道上面所列有关救恩计划的一般知识,所以从一开始便使用他精确的笔触,向我们描述了哪些事物导致了信徒人生的崎岖挫折(那一切令人厌恶、抱怨以及让人生出各样不满的人生境遇)。紧接着,他为我们分析了人生道路之崎岖有着怎样不同的形式(我们性格上的缺陷;为人知或不为人知的耻辱;努力之后却未取得相当成就的失意;以及各种失败的人际关系)。之后,他向我们指出,在所有这些人生挫折之中该如何去寻求上帝的帮助(修正一切崎岖的人生道路),与此同时不忘自己应该在这些苦难的境遇中学习谦卑,并接受会有艰难伴随我们此生的事实。在这本书的最后,波士顿向我们阐释了如何将我们的盼望定睛在主所应许的"得荣耀"之上,在今世或将来世界,这应许必将真实地成就在我们身上。在这本书各部分的论述之中,我们都能看到波士顿论述主题的循环出现和不断递进,这很容易让人联想到瑞士和加拿大西部的螺旋形隧道。火车出隧道口的位置几乎就在入隧道时位置的正上方,然而实际却高出很多。与之类似,在这本书中我们也将看到波士顿的论点的重复出现,然而它们每一次的出现都有角度的改变和全新的阐释。正是在这样的过程中,我们对这些论点的理解不断得到提升。从始至终,波士顿通过这种"回溯"的论述方式,使他的教导巧妙精湛。

　　然而,教导众人却不是波士顿这本书的唯一目的,而是一种为着达到目的所采用的手段。他的目的正如所有忠心的传道人一样,就是要改变自己的受众,或至少看到上帝的能力在他们身上动工。在这本书中,波士顿除了期望引导非信徒归信上帝、得蒙重生这个恒久不变的动机之外,还有另外一个明确的目标,即去操练基督的门徒在面对那些难以逃避的不幸之时(无论这种不幸是世人普遍的遭遇,还是他们自身的特殊境遇),都能活出那种敬畏上帝、直面现实、满有盼望的谦卑生命。波士顿盼望,我们在适应各种失望、损失和限制时,都能在内心深处对上帝良善、智慧的护佑有完全的确信,并以这样的信心来胜过一切难处,荣耀上帝。波士顿也有意去牧养一些在他看来信心并不坚定的人,竭力去激励他们靠着向主的谦卑和祷告而得以坚立在上帝的真理之上。波士顿的书是写在纸上的讲道。如果读者最终并没有因他的信息而被鼓舞去寻求主面,相信他一定会深感受挫——我们或许可以说,这是他人生的挫折崎岖。

四

这将我们引向第二个问题：他的这本书在今天还能给我们带来深刻的影响吗？在我看来，答案必然是肯定的。然而，对于很多现代人而言，这本书的信息却很难被真正接受。为什么会出现这样的情况？下面是我的解释。

很多心理学家和哲学家都注意到，人们的思想中经常同时存在着思想、愿望、评判、期望和目的之间的相互矛盾，但他们却对自己身上的这种不一致性毫无察觉。学者们将这种现象命名为"认知失调"。这一洞见对于教会牧者而言有着重要的价值，因为在这个世上所有基督徒的身上都能发现各种掺杂的情况：信和不信，智慧和愚昧，属灵洞见和属灵"短视"。这些事实让我们不得不承认，在基督徒的思想中一样存在着"认知失调"：信徒在关于上帝的事情上不断地暴露、印证着这种自我矛盾、缺乏连贯性的问题。针对信徒这类问题，牧者们需要坚持不懈地去发现和纠正。

在今天的福音派新教徒中，存在着一种特别形式的"认知失调"（值得注意的是，在罗马天主教和东正教中却看不到这样的情况）。所有的信徒都不会质疑基督要求门徒舍己的命令，即将自己所看为宝贵的个人理想和愿望交托给上帝，接受自己的这些愿望和梦想若不在上帝的计划之中，可能并不会实现，并背起自己的十字架。背十字架意味着自己甘愿被轻视排斥，如同那些被判了死刑的人一样，他们

要背着自己的十字架到指定的地方去,而耶稣要与这样的
人同行。我们的主也明确地提醒过一切跟随他的人会经历
得胜,但也会遭遇失败,会享受喜乐,但也会承受痛苦。对
这一点,不会有基督徒质疑。然而,与此同时,现代以享受
为宗旨的物质主义大张旗鼓地高举没有痛苦和艰难的人生
理念,将此作为人不可剥夺的权利。在这种背景下,很多像
世人那样思考的基督徒也想当然地认为,作为上帝的儿女,
他们应该时刻被上帝保护着,不会遭受世人所经历的重大
变故,并且一生应当顺利平安,任何好处都不缺,仿佛在豪
华游艇上生活一般。这种现象有一些简化的表现,我们常
常可以在一些电视布道家所宣扬的"健康和财富福音"中看
到;这种现象更精致和令人深思的表现,是在面对诸如丧亲
之痛、背叛、不治之症、公司倒闭等等苦难时,人们会不禁去
问:"上帝为何让这样的事情发生在我身上?"这些问题进而
进入神学理论的思考中:上帝如果能够阻止一切的苦难,
他必然可以不让这些事发生,然而事实上它们发生了,因此
上帝的能力和主权都是有限的。由此可见,"认知失调"深
深植根于人们的内心。那种认为上帝将阻挡令人不快之事
的发生,并单让好事降临在我们身上的幻想,很难根除。这
样的幻想在一个人身上不消除,波士顿直面现实之精神中
的那种振奋人心、慎思明辨和平静安稳便将不会被接受。

尽管可能不被接受,《人生必经的崎岖挫折》中全然来
自圣经的智慧,实在是我们这个时代所亟需的。我非常欣

喜,这本书如今再次能够让众多读者方便地读到。盼望我的序文能够帮助新的一代人读懂这本书并为此向上帝感恩。那么,这篇序文就真正实现了其价值,用美国人喜欢的表达,"得其所哉"(where it's at)。

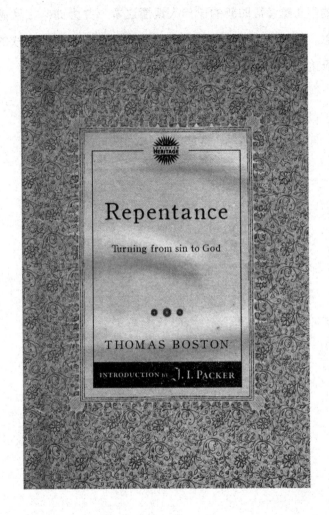

Repentance

Turning from sin to God

• • •

THOMAS BOSTON

INTRODUCTION by J. I. PACKER

第七章（下）
托马斯·波士顿：
《悔改得生》

—

宗教改革揭开了许多被错误观念遮蔽的圣经真理，并让它们重新为众人所认识。这当中包括圣经自身权威的真正性质，关于因信称义、靠着恩典得救以及关于教会和圣餐的真义。关于"悔改"的真正性质，当然也是其中的重点。

在中世纪，信徒将悔改与"忏悔"相提并论，后者强调犯罪的信徒需要向神父忏悔，承认自己的罪，在得到他们的宣赦之后，犯罪之人还需要接受惩戒，为的是表明自己对所犯罪行有了真实的懊悔。然而这还不算结束，天主教又区分了"永恒的罪责"（eternal guilt）和"暂时的罪罚"（temporal punishment）。这种理论认为，宣赦只是针对前者，如此可以让罪人脱离地狱的永死,但这些人死后还需要在炼狱中接受后者。不过,教宗酌情签署的赎罪券,以及用过往圣徒功德库中那些多余的功德来购买赎罪券,将确保减少罪人在炼狱中受苦的时间,而具体减少的时间则根据所发行赎罪券的条款而定。

天主教出售一种"大赦赎罪券"的行径令路德义愤填膺,并最终激起了他勇敢的反抗。兜售赎罪券的教士宣称无论人犯了什么罪,只要买了这种赎罪券便可永远脱离炼狱的痛苦,而且对于那些仍在炼狱中的人,只要有人为他们买了这种赎罪券,他们便可以当即从炼狱中获得释放。路德针锋相对的行动点燃了宗教改革的烽火,使这场运动很快遍及西欧各处。1517 年 10 月 31 日,拥有大学圣经教授和维滕堡教会讲道牧师双重身份的路德,将著名的《九十五条论纲》张贴在了教堂的大门上。以下是这份论纲的前两条:

1. 当我主耶稣基督说"你们应当悔改"(太 4:17)时,他的意思是希望信徒们毕生致力于悔改。

2. 不应当将"悔改"一词理解为谈及忏悔作为一件圣事——即教士主持下的告解和补赎(规诫性的惩罚)。

路德的这种观点(即悔改意味着信徒全心全意地归向上帝,并且信徒必须一生坚持悔改),在之后加尔文的《基督教要义》中,在圣公会每周颂读的《公祷书》中,在殉道士约翰·布拉德福德(John Bradford)的一篇经典讲道中,在伊丽莎白时期新教灵修神学家帕金斯流传极广的福音小册子中，以及在之后众多清教徒牧者的表述中，得到了更加完整的表达。或许可以说，这种认识在马太·亨利的父亲菲利普·亨利的声明中达到了顶峰。这位属灵前辈曾说，自己盼望能将悔改带到天堂的大门前。然而，随着清教徒关注的焦点越来越转向人的归信和重生，他们强调的重点也逐渐放在一个人初信时的悔改上，深信它会引导信徒过悔罪的人生。我们可以在《威斯敏斯特信条》第十五章"论得生命的悔改"中看到这一点。

1. 得生命的悔改乃是一种福音的恩惠。所以，凡传福音的人，不单应传讲信基督的道理，也应传讲悔改的道理。

2. 罪人借着悔改，不但看见并觉悟到自己的罪与上帝圣洁的本性和公义的律法相违背的危险，而且也看见并觉悟到自己罪的污秽可憎。罪人既明白上帝在基督里向悔改之人所显现的恩慈，就为自己的罪忧伤痛悔，以至转离一切罪恶归向上帝，又立志竭力在上帝所有的诫命中与他同行。

5. 人不应该以笼统的悔改为满足，而竭力为自己特殊的罪而特别悔改乃是每个人的本分。

这里我所推荐著作的作者托马斯·波士顿（1676—1732），是苏格兰南部埃特里克的牧师，他继承并捍卫着清教徒神学，并对之前的宗教改革有着深刻的反思。在这本书中，波士顿将自己最初针对悔改这一主题所撰写的一些讲章汇集在一起。这些讲章向我们指出了悔改的必要性、本质及紧迫性,也让我们看到,忽略或不重视这一生死攸关问题的人是多么愚不可及。这些讲章汇聚了波士顿作品的种种优点:对圣经文本及其教导惊人的熟稔精通,在释经方面卓然的明晰透彻,对人心的深入洞察,在应用方面唤醒良知的卓越技能以及无处不在地彰显上帝在基督里向我们这些堕落罪人所施恩典的奇妙和荣耀。尽管如此,今日的读者若想在波士顿的书中领略到这些,还需要在头脑和心灵上做一些必要的准备,才能进入波士顿的智慧世界。下面,我就对此谈一些我的认识。

二

穿过牛津大学的一个大门,你会看到一个你可以称为"牛津的麦加"的区域,那里集中了克拉伦登楼、大学行政中心、举行学位授予仪式的谢尔登礼堂、中世纪建成的神学院,以及举世闻名的博德利图书馆。在那里,你还能看到以石柱为支撑的一些人类大思想家的头像雕塑。他们现在已经得到了修复,然而当我读研究生的时候,它们因为常年风雨的侵蚀已经变得面目不清。因此当年看到它们的时候,除了能够看出是人的头像以外,再难以做出任何具体的辨认。在我看来,类似的情况,也发生在那些以圣经为基础并经清教徒充分阐释的有关上帝和人性的认信之上。它们也是波士顿通过文本进行阐释和应用的基础,然而却遭到了现代思想的不断侵蚀。因而，今天的大多数人在一开始接触到这类信仰宣告时，不由得都会认为它们是一些历史上早已过时的观念，其含义模糊不清，难于解释，与今天的我们并无什么关联。

在那个时代，波士顿信仰的是三位一体的上帝，世人都存活在他的掌管之中，并且有一天这位上帝将会决定所有人最终的命运。他是"圣洁"的，因为所有意识到这位上帝真实性的人，都会看到自己的罪恶和羞耻、不义和不洁、弯曲和败坏、过犯和污秽。而且，这位上帝对于他所创造的一切事物都拥有至高无上的主权，甚至人类的自由选择也包括在内。与之相比，今天的人们虽然仍承认存在"在上的那一位"（或许说"楼上的那一位"），但却认为这位上帝的本性完全是仁慈的，他并没有什么标准或期望，他在人们遇到困难时总会乐意伸出援手。也有人将上帝看成是一种宇宙中的能量，不具备位格，因此提到上帝时不应使用"他"，而应使用"它"。这样的上帝对任何人都不会产生影响，因此，人们生活中完全可以当他并不存在。

波士顿相信，耶稣基督是道成肉身的上帝和人类的中保，是我们的先知、祭司和君王，曾被钉十字架、复活、掌权，将来还要再来审判世界。这位基督为世人赐下了拯救的福音，邀请并命令所有听到此福音的人接受和信靠他作为自己的救主、上帝和挚友。唯有完全倚靠他，我们才能得着上帝的赦免，与上帝和好，并被接到天父的家中承受儿子的名分,被上帝的恩典不断更新,愈加拥有上帝儿子的形象。波士顿也相信,未来有一天耶稣将审判所有的世人,那时等待所有人的终极命运只有两种:要么是与耶稣同在天堂享受永生,要么永远在没有耶稣的地狱里。与之相比,今天绝大多数人只是把耶稣看成一个以身作则、教导人们向善的好人,基督徒对耶稣的信仰在他们看来不过是一种迷信。关于死亡,今天的人们要么认为它会立即将逝者带入极乐之境,要么认为人死后会立刻完全消亡,而耶稣不会与这两种结局有任何关系。

波士顿相信,圣经就如同一个明亮的光环,我们站在这光环的中央,接受着圣经来自各个方面的光照,这其中包括圣经的教导、叙事、传记和种种历史的描述。借着这种真理的光照,我们得以看清楚我们的本相以及上帝当下会怎么看我们。进一步,波士顿还相信圣灵上帝会引导我们将天父上帝的审判应用在自己身上,并激励我们竭力按照这种标准来改变自己的行事为人。这正是圣经中关于悔改的含义。只有从这样的认识出发,我们才会真正理解,在波士顿看来,使徒保罗所说的"圣经都是上帝所默示的,于教训、督责、使人归正、教导人学义,都是有益的"(提后3:16)之背后的真正意涵。但是,今天绝大多数人认为,圣经最多不过是古代人宗教观点的一部合集,其中部分内容还能对当下的人有所启迪,然而绝大部分内容都是古怪和陈旧过时的。因此,整本圣经都需要被相对化,从而使其与今日世界无论是世俗还是宗教的多元文化相协调，避免它与我们当前所身处时代的文化共识相冲突。之所以会出现这种观念，是因为人类理性被高举，视有形宗教在本质上不过是人类自身的发明。当理性如此纵横驰骋、傲视一切时，圣经启示被丢弃到身后的壕沟，便毫不奇怪。

最后，波士顿相信圣灵上帝借重生的工作，让信徒获得了一种全新的生命。基督徒操练对耶稣基督的信心，向上帝真实的悔改，自我内心的谦卑，在主里不断涌溢的喜乐，在对上帝的崇拜赞美中和对身边之人的舍己服侍中所感受到的那种真实而强烈的爱，以及在这一切的敬虔上盼望不断渴慕进深，都是这种新生命最直接的表现。但与之相比，今天绝大多数人把信仰仅仅看成是挣扎着的自我的一种倚靠和安慰，并且大多数人没有信仰也可以生活得不错。这样一来，上面描绘的被福音更新的生命，就自然会被贬斥为自欺和伪善。

现在，波士顿有关悔改的教导所依据的那个属灵世界的实景，已经清晰地呈现在我们眼前了。因此，我们无疑可以立刻这样说：除非我们也生活在同一个属灵世界中，或至少意识到我们应该活在那个世界中，否则我们便无法认同这个事实，即波士顿是一位有深刻洞见、技艺精湛、蒙圣灵教导的灵魂医生。在他身处的那个年代，波士顿并不是作为一位卓越的圣经学者而为人们所熟知的，尽管他无疑具备这样的水准。波士顿受到赞誉，最主要是因为他是一位牧者的典范,他所著的《人性的四重状态》在苏格兰广为流传,被众人奉为普通人通向天堂之路的袖珍指南。三个世纪过后的今天,这位上帝的使者仍借着出版的文字向我们说话。他用圣经的真理之光照亮了我们混乱的人生,规劝我们直面上帝借着他的仆人向我们传达的心意。这其中包括各个方面的教导,"悔改得生"作为其中的一个主题,正是波士顿在这本书中要带领我们去认识的。在力求达到言简意赅文风的同时,波士顿在这本书中的论述依然让人感受到他雄辩的文采。这一点从他简明务实的文笔风格,层层递进的论证手法,以及从圣经中提取合适的语汇来组织论点所展现的解经才能,可见一斑。可以说,波士顿的作品有如奶酪一般,你越是细嚼,便越能体会到其中的风味。

<h2 style="text-align:center">三</h2>

当年,波士顿这些有关悔改的讲章针对的是怎样的人群呢? 从广义而言,毋庸置疑,像所有宗教改革时期清教徒以福音为本的讲道一样,它们都是对上帝真理的宣告,是所有人都应聆听的信息。所有人都应该不断地被提醒关于上帝的圣洁、威严、恩慈、信实、公义、崇高和荣耀,而信徒更是应当爱慕这样的信息。这些主题应当成为牧者讲道的核心,而波士顿的讲道始终高举这样的主题。在他所有的讲道中,那位无所不知、无所不能、无所不在的上帝,那位通过

基督来施行怜悯与审判的上帝，那位鉴察人心、驱动着历史之轮缓慢前进的上帝，是"主语"而人类是"谓语"。波士顿是一位以上帝为中心的牧者，用爱德华兹的话来说，波士顿完全沉迷于上帝。作为传道人，他的首要关注是我们所有人在上帝话语面前都当谦卑受教的共性。与之相比，我们今天已习惯于教会讲台上以人为本的信息，在这类讲道中上帝变成一种类似 P. G. 伍德豪斯（P. G. Wodehouse）的诙谐小说中男仆吉福斯的角色，所做的不过是帮助人解决麻烦而已。从对上帝的这种观念中脱离出来，去接受波士顿对上帝的认识，对我们当中有些人来说的确是一个不小的挑战。尽管如此，在面对波士顿这些代上帝发声、规劝人停止犯罪，并引导他们更加亲近主的讲道时，我们仍有理由追问：具体哪些人才是波士顿所期望触及的听众呢？

此问题的答案是显而易见的。波士顿所针对的，正是那些在罪中不愿意悔改的信徒，他们当中有年长的，也有年幼的，有地位显赫的，也有地位低下的。总的来说，这些人可以被分为两类：骄傲自满的信徒和懒散拖延的信徒。波士顿在书中，将他们描述为懈怠之人以及属灵的沉睡者。对于第一类不愿悔改的信徒，波士顿要破除他们的骄傲，而对于第二类，他则要破除他们的冷漠。最终，波士顿的目的是要引导这两类信徒真实地向上帝悔改，达成波士顿所说的上帝"救恩－工作"。根据这样的判断，波士顿首先向我们阐释了悔改是一件关乎内心的行动，是信徒持续一生之久的功课,是上帝的灵借着上帝的道所赐下的恩典。
悔改带来的改变包括认罪、痛悔、信靠基督、谦卑己心、"神
圣的羞愧"以及对老我彻底的厌弃。悔改也意味着当信徒
意识到自己的罪时,他们就当承认、弃绝这些罪,并且从今
以后完全委身顺服上帝,彻底向上帝回转。之后,波士顿
依次阐述了在他看来催促我们悔改的因素,这包括上帝的
呼召和命令,罪带来的杀伤效应,对死亡和审判的预期,基
督所承受的极大苦楚,以及我们的过犯罪恶对上帝圣名的
辱没。然后,波士顿通过长篇论述让我们看到,无论出于
何种原因,延迟悔改都会葬送信徒的灵魂。之后,他详细
论述了不悔改者活在咒诅之下的可悲状况,无论在他们身
上似乎有着怎样美好的护佑。在此基础上,他又一次规劝
所有读者要严肃地面对悔改的问题。跟随着此书的这条论
述主线,我们还会发现波士顿在行文中处处闪现着关于上
帝作为的洞见。这也是他所有实践类著作中所一贯表现出
的特质。

对于那些能够"调频"到波士顿"波段"的读者,他的作
品能够给人很多的启迪。事实上,在我看来,要真正读懂波
士顿,关键在于"波段"的调适。今天有很多自称为信徒的
人,他们在信仰上有着令人不敢小觑的真诚和火热,然而他
们的属灵阅读却一直停留在一种我称之为"信仰泡沫"的阶
段(这样的信徒在今天并不少见)。如果将波士顿的著作放
在这类信徒的手中,我敢说他们读不完头两三页就必将放

弃,觉得这样的作品过于艰涩、陈旧和枯燥,与他们毫无益处。不可否认,像阅读其他清教徒牧者的讲道作品一样,阅读波士顿也需要进行后天品味的培养。然而,对于那些困惑于波士顿的著作为何能成为经典,并带着这样的问题阅读此文的读者,我要恳请你们尽力将此书读下去,随时将波士顿所要论述的题目记录下来,并详细地写下作者关于上帝的一切讨论。以这样的方式倾力读完此书,并再回过头来重读一遍。我敢保证以这样的方式研读此书的读者,最终必将看到自己在这本书上投入的时间绝不是浪费。

在我撰写此文时,面前一直放着一份介绍某退修会的宣传单张,标题是"在二十一世纪借着悔改活出蒙上帝祝福的人生"。这个标题宣告了一个真理。波士顿就是那种能带领我们活出蒙福人生的牧者。因此,悉心阅读和思考,并为你读到的内容祷告,上帝会以他仆人所揭示的那经久不息的属灵智慧来祝福你。

第三部分

两位清教徒楷模

　　本书的最后部分,我要以两位杰出的清教徒伟人的特写,来结束这一系列清教徒牧者肖像的刻画。这两位上帝忠心的仆人分别处于清教徒运动的前期和中期。几年前,我曾写过一本有关清教徒运动的书,书名为《与属灵伟人同行》(*Among the God's Giants*)。这本书在美国出版时被更名为《寻求敬虔》(*A Quest for Godliness*),强调的重点有所改变。我之前的命名,反映了清教徒运动的领导者作为一群大有见识且忠心为主的教牧先贤,在我心目中的崇高地位。威廉·帕金斯、理查德·巴克斯特、约翰·欧文以及约翰·班扬这四位被上帝大大使用的清教徒牧者,在我看来堪称属灵伟人中的伟人。帕金斯是一位早期的清教徒先驱,巴克斯特是清教徒运动中期的代表人物,而欧文和班扬是清教徒运动后期出现的杰出牧者。在这一部分中,我盼望通过对前两位清教徒牧者的描绘,引导读者更深地领略清教徒牧者身上的卓越品质,从他们生命中汲取属灵智慧,并与我一起为他们向上帝献上感恩。

第八章
威廉·帕金斯：清教徒先驱

　　今天，威廉·帕金斯（1558—1602）这个名字除了在一些专业历史学家和神学家的圈子里被谈及之外，几乎无人知晓。因此，我们也许很难想象，从 1585 年到 1635 年的半个世纪帕金斯一直是英文世界中最负盛名的基督教作家，他为普通人写作的基督教作品也最为畅销。此外，他还曾是国际上最著名的英国神学家。有人将他与加尔文和贝扎放在一起，称这三人为"正统神学三巨匠"。帕金斯实在配得此美誉。我们还应看到，帕金斯的著作在荷兰共翻译出版了近九十版，在瑞士和德国出版了超过五十版。除此之外，帕金斯还有一些篇幅较短的著作被译为其他六种文字，在世界各地广为流传。除了理查德·巴克斯特之外，再没有任何清教徒牧者的著作销量可以超过帕金斯，并且对于塑造和巩固那场历史性的清教徒运动，没有哪位清教徒思想家的影响能与帕金斯比肩。

今天很多人都知道，真正的清教主义并非像十九世纪小说和历史书中所想象的那样——充满古怪、喜爱争竞的新教法利赛式作派。很多人也看到，真正的清教主义是一场以福音为核心、追求圣洁的运动。这场运动的异象是推进民族与个人的属灵更新，更新的范围涉及教会、国家与家庭，包括教育、宣教、经济等领域，也涉及个人对主的跟随和委身、教会牧者的服侍与担当。很多人都知道，清教徒对敬虔的关注集中在如下方面：重生与悔改；自我内心的反省与鉴察；唯独圣经的原则与公义的行为；话语的默想与言辞的祷告；对救主和生命之主耶稣基督的信心与爱慕；对上帝护理、恩典和审判之主权的认信；从永生确据而来的安慰与喜乐；看到培育和爱护个人良知的必要性；与世界、肉体及魔鬼之间的属灵争战；注重纪律和责任方面的伦理；以及圣徒的荣耀盼望。尽管如此，还是很少有人知道，清教主义能够达到这种高度在很大程度上要归功于帕金斯。

威廉·帕金斯到底是怎样的一个人？在某些方面，人们对他的认识还不太确切，然而，他生命经历中的很多重要事件却是一目了然的。可以确切地说，他是一位属于伊丽莎白时代的人物，因为他出生于 1558 年，伊丽莎白登基成为女王也是在这一年。1602 年，四十四岁的帕金斯死于持续恶化的胆结石,略早于伊丽莎白(1603 年去世)。1577
年,来自沃里克郡、时年十九岁(按照伊丽莎白时代的标准,
这个年龄入读大学算很晚了)的帕金斯,进入了当时剑桥最
具清教徒思想色彩的基督学院(Christ's College),而他的老
师则是当时著名的传道人劳伦斯·查德顿(Laurence
Chaderton)。劳伦斯之后成为以马内利学院的院长,并与
帕金斯保持着终身的友谊。在剑桥起初的日子里,帕金斯
曾非常远离真理。然而之后,他却归信基督(具体的细节无
人知晓)。之前帕金斯所一直投入的占星术研究随即被他
对神学的热衷完全取代。帕金斯对属灵之事的洞察和领会
速度之快,让他身边的同学无不惊异。1584 年,获得文学
硕士的帕金斯被选举为基督学院的研究员,指导大学生学
习,正是在这个职位上,帕金斯过人的才华开始展现在世人
面前。这一年在同时被任命为圣安德鲁斯教区的讲员(即
承担教区的传道工作)之前,帕金斯在剑桥监狱从事过几个
月的义工传道服侍,取得了令人叹服的成果。圣安德鲁斯
教区是一个在物质与属灵方面都极度贫乏的地区,他们给
教区牧师的薪俸低于皇家所定每年十镑的标准。帕金斯当
时是一名讲员,而非教区牧师,因此他传道的生活所需都倚
赖于个人捐赠。1595 年,帕金斯离开了主张独身的基督学
院,与一位来自格兰切斯特的名叫蒂莫西·克拉多克
(Timothye Cradock)的女士结了婚。此时,教区信徒和一些
富有的支持者为了保证帕金斯能够在圣安德鲁斯教区继续

服侍,增加了对他的支持。最终,他们达成所愿。帕金斯继续留在圣安德鲁斯服侍,直到七年后因病逝世,这七年中他与妻子生养了七个孩子。1613 年,年仅十二岁、尚未成为基督徒的托马斯·古德温在被牛津录取时曾如此说,"当时帕金斯先生话语的果效依然在城镇中随处可见,许多人对他的事工仍然记忆犹新"。我们不应忽略,这时已经是帕金斯去世十余年之后。

以上所言还不足以概括帕金斯的一生,甚至很难说谈及了其中的关键部分。帕金斯在自己讲台服侍的岁月中笔耕不辍,给后人留下了近五十部不同类型的属灵著作,范围涵盖了神学、灵修学以及伦理学,并且还包括几部重要的释经书。无论是在讲台的讲道还是在写作中,我们都能看到帕金斯所擅长的那种系统、博学、严谨、质朴的表达。在帕金斯的时代,新教世界中还从未有人能够像他一样在众多领域发表著述,同时又能达到他那种明晰程度。一时间,帕金斯的书被译为法文、荷兰文、意大利文、西班牙文、捷克文、德文、匈牙利文、拉丁文和威尔士文,广为流传。迄今为止对帕金斯著作研究最为深入的作家伊恩·布劳沃德(Ian Breward)认为,帕金斯的著作之所以能产生国际影响是因为"书中有关实践敬虔信仰的内容极其吸引读者,通俗易懂,并且极为广泛地包含了对各类神学议题的讨论"。此外,布劳沃德还指出,"翻译和出版帕金斯著作成了一个小型产业",为此特别列举了英国之外帕金斯著作的二十九位译者和二十八位出版人来证明他的观点。[1]

威廉·哈勒(William Haller)在书中写道:"帕金斯死后,他的追随者……将他的各种辩论性作品、专著和讲章汇集起来,形成了一套三大卷的文集……可以说在他之后一代又一代传道人的书架上,没有什么书能够像帕金斯的著作那样被长久地列为经典,也没有哪位传道人的名字能像帕金斯那样不断出现在后世清教徒的作品中。在帕金斯去世五十年之后,托马斯·富勒(Thomas Fuller)曾对这位属灵伟人做出过这样的评价,'至于帕金斯的著作堆在一起有多厚,简直难以想象。'"[2]

正是这些帕金斯的著作塑造了十七世纪清教主义的面貌和优先关注。这也让荷兰神学家沃提乌(Voetius)在他的著作《论实践神学》(*Concerning Practical Theology*)中(该书高度评价了许多清教徒敬虔主义者),称帕金斯为"英国的荷马,是注重实践的英国人"。[3]

我们称乔治·斯蒂文森(George Stephenson)为铁路之父,因为他设计了"火箭号"蒸汽机车并且指挥铺设了从斯托克顿到达灵顿的铁路,以及之后从利物浦到曼彻斯特的铁路。这样的成就虽然仍处在铁路发展的初始阶段,然而它却为铁路的未来奠定了良好的基础。根据斯蒂文森所建立的原则和标准,蒸汽机车在全世界的推广便可以走上一条最为迅捷的道路,事实上也的确如此。同理,我们也应该称威廉·帕金斯为清教主义之父,因为历史上是他首先提炼和界定了主流清教徒传统的本质，并为其数百年的发展指明了方向。然而颇具讽刺意味的是，首先，帕金斯本人非常厌恶他人将"清教徒"这样的标签加在自己和那些与他类似的人身上；其次，在过去四十年间，那些针对普通基督徒读者而不断再版的四十位左右清教徒作家的作品中间，我们竟然找不到帕金斯的名字。除了 Banner of Truth 出版社 1996 年再版的《先知讲道之法》(The Art of Prophesying)，以及伊恩·布劳沃德针对学者的需要从帕金斯的众多著作中摘录而成的一本文集(1970 年由 Sutton Courternay Press 出版的《威廉·帕金斯文集》)外，再没有帕金斯的任何其他作品再版问世。然而，通过近距离的审视，这种讽刺意味便会消解许多。首先，"清教徒"一词之所以为帕金斯所排斥，是因为在当时这个词传达着一种革命精神和分离主义意图的意味；其次，帕金斯当时那些针对基要神学主题所展开的平实论述，早已被后起清教徒牧者更为全面、深刻的阐释所超越。尽管如此，我们仍无法忽略之前提到的那个关键的事实：作为清教徒先驱的帕金斯以一种决定性的方式塑造了清教主义，他所赋予清教主义的种种特质在其后的几百年中始终为人们所确立并继承。

在帕金斯以前，倾向加尔文主义的圣公会信徒试图对国教会进行变革，然而他们自身却始终未能在目标及其优先性方面达成共识，并且他们的公开行动也显得过于鲁莽、感情用事。他们当中有些人寻求对《公祷书》进行修订，从而使教会崇拜更加远离罗马天主教的形式,并且这一派人常常炫耀自己对国教礼拜仪式的不服从立场;还有一些人试图建立某种可行的教区教会纪律模式,将自己置于一种隐秘长老制的长老监督会运动中,并以此作为他们追求实现的目标之一。那时,很少有人以福音传道的话语方式设立他们的目标,比如说借助牧者对福音真理的教导与传讲,以及各种教牧关怀事工的开展,引导英格兰真实地转向上帝,活出敬虔。然而,以身作则并且影响广泛的帕金斯与理查德·格林汉姆、理查德·罗杰斯、亚瑟·希尔德撒姆(Arthur Hilderlsam),以及约翰·多德(John Dod)等众多教区牧者一道,以福音传道和敬虔生活为核心,奠定了主流清教主义作为一场运动的根基。他们忍受了当时教会所带来的不便与阻碍,为的就是在英国国教全面践行拯救灵魂的事工。我们可以说,因着帕金斯的贡献,关注圣经、敬虔、教会、改革、论辩、文化的清教主义进入了一个成熟的阶段,并开始展现出一种前所未有的、整全的属灵视野,以及成熟的基督徒忍耐品格。

帕金斯的侍奉

读到这里,也许有人会对帕金斯本人如何开展教牧事工产生兴趣。据说,日常生活中的帕金斯是一位平和、博学、谦逊并竭力追求圣洁的人。一方面,他忠心地履行着他作为专业学者和大学导师的职责，另一方面，很明显的是，他在圣安德鲁斯教区的教牧侍奉，以及面向大众的文字事工，才是他关注的重心。很多人都知道，帕金斯在自己每部手稿书名页的上部都会写上这样的警言："你是上帝话语的仆人，留心你所做的。"这也的确是他的生命见证。

下面，我会摘引一段本杰明·布鲁克 (Benjamin Brook) 关于帕金斯讲道事工的描述，这段文字来源于托马斯·富勒的记述。尽管富勒当年在政治上是保皇党，然而，在信仰上他却是一位清教徒。富勒出生于帕金斯去世后的第六年，对于帕金斯的思想极为钟爱，并对后者进行了很深入的研究。他曾写过一篇简要介绍帕金斯生平的文章，并在自己不少的著作中将帕金斯列为忠心爱主的牧者榜样。凭借着富勒所提供的资料，布鲁克让我们清晰地看到了帕金斯在讲道方面的过人恩赐：

听帕金斯讲道的人，包括大学生、镇上的群众以及从周围乡村来听道的人。向这样的听众讲道，需要超乎寻常的教牧恩赐，而上帝正将如此的恩赐大大浇灌在帕金斯身上。在他所有的讲道中，他的风格和主题都配合着普通人能够接受的水平，但与此同时，那些敬虔的学者也一样对他的讲道欣赏有加……帕金斯先生的讲道是全备的律法，同时也是全备的福音。他是那种旷世罕有的牧者，在他身上极为明显地汇聚了一些截然相反的恩赐。帕金斯的讲道一方面彰显着"雷霆之子"雅各的振聋发聩，能让罪人醒悟自己的过犯和处境的危险，并促使他们速速逃离毁灭；另一方面，它也流露着"安慰之子"巴拿巴的劝勉与安慰，将福音的安慰如膏油和新酒般涂抹在那些受伤的心灵之中。他经常会极为直接地向听众的良知指出上帝律法的严厉，令听者不得不从内心深处向上帝俯首认罪；并且他对"罚入地狱"（damn）这个词的宣告时常带有一种不同寻常的强调语气，让这种警告之声可以长久地回响在会众的耳畔。[4]

帕金斯的讲道既学识渊博、启迪人心，又满有权柄、条理分明。富勒说："用一句话来概括，帕金斯的讲道，在饱学之士看来是最富学理的，同时对普通大众而言又是最简明直白的。"此外，他又这样评价道："我们的帕金斯将各派带上讲台，打破各派术语所包裹着的争议构成的坚硬外壳，为他的听众取出朴素、健全的果肉。"[5]

帕金斯讲道中那种彰显上帝主权的宏大气势，以福音为核心的系统解经，以及针对活出圣洁的应用教导，给他当年在剑桥服侍的广大信众带来了极大的祝福。与此同时，也为其后整个清教徒运动的讲台服侍设立了标准。

然而，讲道还不是帕金斯教牧侍奉的全部。与稍早于

他、在紧邻剑桥的德赖德雷顿牧养教会的理查德·格林汉姆
一样,帕金斯也以属灵病理学方面的专家而著称,他教牧辅
导的事工远近闻名,安慰医治了许多困惑和饱受折磨的灵
魂,这些人因为各种原因担忧自己的灵魂将永远沉沦和迷
失。下面,我们将要读到一段有关帕金斯 1584 年监狱探访
事工的记载,它出自于一本萨默尔·克拉克(Samuel Clarke)
在 1654 年所写的书。当时,有一位年轻人因犯下重罪而被
判绞刑。他看上去极度恐惧,吓得半死。作为牧师,帕金斯
也在死刑执行的现场。

在经过一番安慰劝导之后,帕金斯看出那位年轻人
依然被痛苦所捆绑,毫无平安。于是便对他说,"弟兄,你
担忧什么? 是死亡令你恐惧吗?"

"哦,不,"死刑犯摇着头说,"我是害怕那比死亡更恐
怖的事。""既然你这样说,"帕金斯回应道,"请你再次下
来,上帝的恩典必坚固你。"听到这话,那死刑犯便走了下
来。帕金斯拉着他的手,让他与自己在绞刑架的梯子前
一起跪下……当这位上帝的仆人带领他发出那痛彻肺腑
的认罪祷告后,那死刑犯不禁失声痛哭。当帕金斯看到
自己已让这个临刑之人降卑、甚至接近地狱之门时,他的
祷告主题也开始转变,要将这临死之人带至那满有仁爱
怜悯的主耶稣面前……他的祷告是如此充满了属天的恩

赐,令人心觉甘甜……内心大得安慰的死刑犯又一次喜极而泣……在祷告结束后,他喜乐地站起身来,如释重负的他沿着梯子又一次走上了绞刑架,甘心从容地接受了死刑,仿佛他已实际看到之前那令他恐惧的地狱被挪去,敞开的天堂之门,将接纳他的灵魂。[6]

帕金斯的这种教牧辅导事工,并非只是针对囚犯。众所周知,十六世纪末很多严肃的灵魂饱受困扰,并经常对自己在上帝面前的状况和前景深感绝望。现在,有些人认为,这种情况的出现是因为当年清教徒不明智地过多传讲上帝的预定和地狱之火所致。无疑,清教徒在讲台上从来都不会对这两个主题做一带而过的含混处理。然而,有证据让我们可以确信,当他们谈及这些主题时,是以一种向会众负责的牧者心肠来阐释这些真理的,而信徒们挥之不去的那种焦虑,可以通过另外四个因素得到更为充分的解释。

首先,在伊丽莎白后期的英国社会生活中充斥着一种对未来的不安和焦虑。这种社会情绪部分源于英国人对整个罗马天主教世界一直以来向他们所持仇视态度的反应,部分至少出于英国在伊丽莎白当政期间在经济和政治领域发展出的个人主义,这种个人主义一方面富有进取精神,另一方面却常常带来混乱和灾难。这种充满焦虑的社会情绪很自然会渗透到英国人的信仰中。

第二，正如今日西方社会中有近四分之一的人需要在他们人生的某一阶段接受抑郁治疗一样，在清教徒时期也广泛散布着抑郁的倾向，这一点在今天的社会中会经常与"强迫性神经官能症"联系起来。在那个时代，受过教育的人会预期某种程度的"忧郁"（"抑郁"在当时的称呼），甚至他们会自发地自我培育这样的倾向。因此，"属灵抑郁"的问题自然广泛存在。

第三，在那个强制要求参与教会敬拜的时代，像帕金斯这样的清教徒理所当然地会向会众强调自我质疑、自我省察的必要性，以此来唤醒那些自以为是的听道者去正视自己有可能尚未悔改、将要被地狱吞噬的危险。毫无疑问，这样的教导必然会给听众带来伤痛、焦虑，但这正是清教徒当年所希望看到的。

最后、也是最重要的一个事实在于，清教徒时期圣灵在英格兰显出了极大的作为。这使得福音传讲的果效，对罪恶过犯的痛悔，对悔改的要求，以及对被上帝弃绝的恐惧，都深入人心。

从属灵的角度来看，我可以大胆宣称，清教徒当年的这种焦虑在本质上并不存在任何不健康的因素。无论是当年还是现在，属灵上真正的不健康，倒是有些人对于福音中所指明的永生漠不关心，并且蔑视向他们传道和事实上帮助他们的人。那些因自己的罪而忧伤的人以及临床上诊断为"抑郁的"人，应该同样都感到绝望和无助，这原本没有什么令人惊奇的。而且,我们从历史记录中也会看到,很多饱受困扰的灵魂在接受了帕金斯一对一的教牧辅导之后,重拾信心、盼望和自信,并且委身做门徒。对此,富勒评价道,"帕金斯不愧为一名技艺超群的外科医生,他能够缝合破碎的灵魂,抚平疑惑不安的良心。"[7] 帕金斯教牧辅导方面的侍奉,丝毫不亚于他在讲台上的真理传讲。通过他的服侍,悔改归信的人看到了上帝带领的丰富智慧,心灵忧伤的人因着上帝的真理而大有平安。可以说,他为所服侍的剑桥信众带来了极大的喜乐。

为了帮助平信徒实践信仰,帕金斯为他们撰写了许多有关基督徒生活的原则和问题方面的著作,这同样也构成了他侍奉的一部分。帕金斯进行这类写作的目的,并非是为了提升自己的声望,而是要在基督教信仰方面建造英国人。在帕金斯侍奉之初,接受了新教的英格兰还没有面向大众的灵修类著作问世。可以说,在圣公会历史的那个阶段,受过教育的神职人员不过是少数。为了扩充自己对整个基督教信仰的认识,他们阅读的书籍包括加尔文及其在日内瓦的后继者贝扎的著作,还有布林格(Bullinger)的《讲道集》(Decades)以及圣公会所指定的两本讲道集。如果遇到教会治理的问题,他们便会求助于卡特赖特(Cartwright)、维特吉夫特(Whitgift)以及特拉弗斯(Travers)所写的那些有着深刻洞见却略显艰涩的论著。如果他们想在反抗罗马天主教方面寻求支持,他们可以阅读朱厄尔(Jewel)

的《英格兰教会抗辩书》(*Apology*)以及福克斯的《殉道史》。然而,他们的那些受过教育的教区信众,却没有任何适合自己建造信仰的著作可供阅读。面对这样的空白,帕金斯挺身而出。如果你在这个方面称他为莱尔主教、C. S. 路易斯以及约翰·斯托得(John Stott)的先驱,这也并非言过其实。为了让一般的平信徒在阅读方面获得属灵的喂养,帕金斯不吝于将自己卓越超群的头脑和进行简明有力论述的天赋,投入到祝福大众的写作中。下面,就让我们对他在这方面的成就进行一个概览。

从古至今,《使徒信经》、主祷文和十诫一直是主流基督教所仰赖的三大经典信仰陈述,它们构成了《公祷书问答》(Prayer Book Catechism)以及不计其数的其他十六、十七世纪教理问答的基础。对于这三个经典的信仰表达,帕金斯都做了注释,它们分别是:《使徒信经注释》(*An Exposition of the Symbol, or Creed of the Apostles*, 1595),《主祷文注释》(*An Exposition of the Lord's Prayer*, 1592)以及《金链:或对神学的阐述》(*A Golden Chain: or, The Description of Theology*, 1590 年拉丁文版, 1591 年英文版)19—29 章关于十诫的系统阐释。这里提到的第三本著作是帕金斯的晚期作品,从一开始就做出了这样的宣称——"神学是一门引导我们永远活在上帝祝福之下的学科"。在书中,帕金斯探析了与人类命运息息相关的上帝的心意和作为。这本书大受欢迎,在出版后的三十年中八次再版。此外,帕金斯还著有《有关基督教信仰基础的六项原则：那些轻忽信仰之人需要去学习，好让自己坦然地去领餐，因而从听道中受益》（1590年）。这是一本有关福音内容的福音传道性质的教理问答式著作。这本书一开始就劝诫那些轻忽信仰的人，向他们列出了三十二种"常见观点"，而他们对信仰的轻忽正反映在这些"常见观点"中。然后，帕金斯以最为简要的方式，向他们阐明了以下的基要真理：（1）上帝的三位一体；（2）人的罪与失落；（3）基督的救赎之工；（4）信徒得救，"单单因着信，认识并接受基督所成就的一切恩典"；[8]（5）通向信仰的途径，即圣道的传讲，圣礼的施行与信徒的祷告；（6）末后的光景，即敬虔之人进入天堂，而不信之人将堕入地狱。凭借这本著作，帕金斯成为当代圣公会神学家迈克尔·格林（Michael Green）与尼基·冈贝尔（Nicky Gumbel）的属灵前辈。同时，这本书也让四百年之后的我们深刻地意识到，要想让主日的释经式讲道真正在人心中发挥果效，必须推进信徒对于基督教基要真理的认识。帕金斯的这些论述成为英格兰清教徒最早用来塑造门徒生命的重要材料，而这本教理问答在帕金斯死后的半个世纪中，极为广泛地被使用。[9]

作为清教徒信仰与实践的创立者和推广者，以上有关阐述基本要道的书籍不过是帕金斯文字事工的很小一部分。下面，让我们再来了解帕金斯明显针对平信徒读者所撰写的一系列书籍（篇幅都比较短小，然而题目却相当长）。

1.《阐明关于人是处于被咒诅地位,还是处于蒙救赎地位;有人若属于前者,他将看到如何才能及时脱离这种险境;若属于后者,他将看到如何才能辨别出这一点,并在这样的救恩中坚忍至终》(1588 年)。用帕金斯自己的话来说,这本书处处都在与"丁道尔和布拉德福德所著佳美著作中关于基督徒状况的内容进行对话"(圣经译者威廉·丁道尔与殉道者约翰·布拉德福德)。布劳沃德认为,这个标题"以极为简明的方式,提炼出了清教徒敬虔最应关注的层面"[10],而概括起来,可以表述为:救赎的恩典、得救的信心与圣洁的生活。

2.《关于良知这一历世历代最为关切的议题:一个人如何才能知道自己是否已成为上帝儿女:以上帝的话语来决断》(1592 年)。在这本书中,帕金斯极具创意地让使徒约翰与"教会"展开了一场对话,以《约翰壹书》中每一节经文作为回答,回应了十六世纪末在英国教徒中广为流行的一些关于救恩确据的错误认识、不确定和疑惑。

3.《一粒芥菜种:那极微小的恩典也能成就有效的救赎》(1597 年)。书中视归信为一个长达一生之久的过程,在这个过程中圣灵会按照不同的阶段来带领那些蒙恩的罪人,而圣灵第一步的作为就是让这些人与基督联合。帕金斯在这本书中指出信徒对于完全归信的渴望,即渴望对基督有坚定的信心和彻底的悔改,这本身就是一种被上帝接纳的记号,即使怀有如此盼望的信徒可能在实际生活中尚未活出这样信靠并悔改的生命。

4.《两篇论文：(1)论悔改的本质与实践，(2)论圣灵与肉体的争战》(1593 年)。与改教者一样，清教徒相信悔改是一种出于信心的结果，也是基督徒一生持久操练的结果。在这本书中，帕金斯深入分析了构成信徒悔改的各个层面。在自序中，他明确自己对于几位改教先贤立场的坚定认同：

鉴于在英文世界中已经有两篇关于悔改的讲道被刊印传播，一篇是出于殉道士布拉德福德，另一篇是出于亚瑟·丹特，而且这两篇讲道均为我们带来了极大的属灵益处。因此，我在这里所论述的绝不是增添或是教导另一套道理，而是为了更新并唤起这两位牧者的教导在人们心中的记忆。

也请在这篇文章中我所效法的那些当代重要牧者们不必担忧，尽管在面对悔改这一议题时，我们似乎采用了不同的论述。有些人认为，悔改是一种信心的结果，包括在罪上死和在义上活两部分；有些人将悔改看成信心的一部分，并对痛悔、信靠和新的顺服做出了区分（主要参照梅兰希顿的观点）；有些人将它完全与重生联系起来（主要参照加尔文的观点，对于悔改，加尔文同样也提出了"向罪死—向义活"的分析）。这些不同的观点，并非教义本质上的分歧，而是处理这个问题时采取了不同的逻辑方式……悔改……体现为两种方式……广义而言,它意味着罪人向上帝完全的回转,所以它可以包含信徒的痛悔、信靠和新的顺服,也因此不易与重生相区分。具体而言,悔改特别指向信徒在内在生命和外在行为上的更新,因此可以将它看作是信心的结果。本文的论述,正是建立在以上这种对悔改的诠释上。[11]

这本书中第一篇有关悔改的文章,根据十诫和福音书列出了一份帮助信徒自我省察、内容极为详细的清单。对于天主教通过特兰托公会议所确定的有关人类善行具有功德的教导,这本书中的两篇文章均给予有力的回击。

5.《如何活出敬虔,不管是在何处境中,特别是当一切的帮助和安慰都已断绝时》(1601 年)。帕金斯将一篇以《哈巴谷书》2:4 为主题的讲道进行扩充之后形成了此书。从中我们能够看到,扎根圣经的信仰将会让信徒获得何等美好的平安、喜乐、敬虔与盼望。

6.《病人的药膏:有关死亡的本质、差异和种类,以及信徒平安离世当有的样式。针对(1)海上远航的水手;(2)奔赴战场的战士;(3)承受分娩之痛的妇女,此书可作为他们属灵的指导》(1595 年)。对于将预备迎接死亡作为自己属灵生活的责任和必不可少的操练,今天的基督徒也许颇为不解,然而改教家、清教徒以及更早的福音派信徒,像中世纪的人一样,对这一点是深信不疑的。从帕金斯对死亡的论述中,我们明显可以感受到他那以圣经为本的视角,以及一切立足实践的教导方式。鉴于死亡是人生确定的事实,帕金斯对此主题的处理看起来亦极为合宜。

7.《威廉·帕金斯先生在主日讲道中有关良心问题的教导全集,参照帕金斯本人的手稿进行核对,为了让众人获益,特由 T Pickering 刊印出版》(1606 年)。新教世界一直致力于制订一套可以帮助信徒解决具体道德问题的完整原则,这本在帕金斯死后出版的著作可以视为这类事工的早期尝试。这本书一开始就开宗明义地宣告"圣经提出并教导了我们这样一个确定且无误的真理,一切良知受困扰的人都可以因此得着安慰与坚固"。[12]接着,书中按顺序讨论了三类问题:首先是有关个人得救、救恩确据以及各种形式的属灵焦虑的问题;第二是有关认识上帝和敬拜上帝的问题;第三是有关基督徒在家庭、教会以及公共社会中践行各种基督徒美德(帕金斯列举了审慎、宽容、温和、慷慨和公义)的问题。

帕金斯以上这七本著作,向我们显明了他教牧侍奉的核心关注。身为英格兰圣公会的专业神学家,帕金斯充分发挥了自己的恩赐,以其透彻的分析和简洁明了的释经,填补了教会在当时牧养资源方面存在的空缺。无论是通过讲台讲道还是文字事工,帕金斯都为自己的英国同胞提供了丰富的属灵指导,让他们从归信之初到临终之时都能活出敬虔。帕金斯所给予的属灵指导都本于圣经,在释经方面遵循改教家所建立的原则,即通过文本的字面意思和上下文语境来确定经文的含义。帕金斯的指导又是加尔文主义式的,它具有贝扎、赞基乌(Zanchius)、乌尔西努(Ursinus)、奥利维亚努(Olevianus)这些第二代亚里士多德主义者的风格。(贝扎是加尔文的后继者,带领日内瓦教会四十年之久。归入新教的意大利托马斯主义者赞基乌,及其同事乌尔西努、奥利维亚努都曾在海德堡教导改革宗神学并撰写相关著作。)帕金斯的教导也是讲求实践的,以帮助人们把发现并走上永生之路作为其时刻围绕的目标。帕金斯的指导还是经验性的,因为他时刻关注人内心和内在生命中的动机、欲求、愁苦、风度和羞耻,并深知这些信徒内心的光景是他们顺服或悖逆上帝的直接根源。

帕金斯在自己一生的服侍中所倾力关注的方面包括:重生对于每个人的必要性;信徒所渴求的因得救确据而来的平安与喜乐;信徒自我省察的责任,借此他们可以认识看明自己的罪,并在信心中随时仰望基督,求他的宝血来遮盖自己;灵与肉冲突的经验;一个人在顺服之路上所必将遭遇的跌倒与重新站立;与怀疑、灰心和抑郁进行的属灵争战;信徒一生之久都当持之以恒的悔改,以及谨慎远离一切罪恶试探的心志。帕金斯对这些属灵主题的关注,让他从德国作家奥古斯特·朗(August Lang)那里赢得了"敬虔主义之父"的美誉。这是因为当年欧洲大陆、尤其是荷兰与德国的敬虔主义运动,受到帕金斯信仰实践类著作的鼓舞和滋养。"敬虔主义"这一称呼背后实际所指向的,是十七、十八世纪欧洲范围内一些奉行新教的国家教会以及罗马天主教中所出现的一种运动。它更新了信徒个体对上帝的信仰委身,在原则、实践、价值优先、人生态度与追求的层面都具有上述帕金斯所倡导的特征。在此,我需要立即指出,后期敬虔主义者所表现出的那种反智、反文化、反国家教会,以及倾向于情感主义、律法主义与个人主义的特征,实际上早已与帕金斯所提倡的清教人文主义背道而驰。尽管有这种限定(必须承认这限定很苛刻!),我们仍然能够接受给帕金斯冠以"敬虔主义之父"[13]的做法,并将此视为一种荣誉。毕竟,敬虔主义的任何一个定义首先要提及的是,它给予敬虔以优先地位。这与帕金斯的一贯做法完全吻合,所以我敢斗胆说,我们也应给予敬虔以优先地位。

属灵生命成长的法则

在《一粒芥菜种》一书中,帕金斯指出,罪人在圣灵带领下向上帝的回转,意味着他生命的方方面面彼此协调一致的转变,而这通常是一个需要很长时间的过程。帕金斯还明确告诉我们,能够证明这种转变确实在某人身上发生的唯一有效证据,就是这种转变在不断深化。换句话说,一个人向上帝回转的真实与否,取决于他能否持续地表现出那种脱离败坏、转向敬虔之道的生命见证。在这本书的最后，他向我们提出了在他看来能确保一个人在上帝恩典中不断长进的得胜之道。这是一段极为发人深省的文字，堪称西方灵修文学的经典之笔。下面，我将长篇幅地摘引。从中我们能够理解帕金斯那句著名的宣告，"基督徒若不能在恩典中成长，那么他们一开始所领受的恩典便是假冒的"，并得以明白在帕金斯看来有哪些因素决定了基督徒内在生命的健康。

人性的邪恶、潜藏的伪善，可以让一个人轻易地伪装成已经获得上帝的恩典。因此，在本书的结尾之处，我会明确地向读者指出上帝恩典作为的特别之处，即它会像一粒芥菜种一样不断地成长，直到长成参天大树，并结出那当有的果实。上帝撒在我们心田的恩典与芥菜种相比，有两方面相似之处：第一，最初的时候它很微小；第二，被撒在心田之后，它会快速成长，不断伸展自己。因此，如果一个人对上帝开始生出一丝微小的渴慕，或些许的顺服，他便绝不应让这恩典的火种熄灭，而圣灵的这些感动借着圣道、圣礼和祷告才能增长。我们需要天天通过对上帝真理的默想、实践、追求、恳求、寻求、叩门来挑旺这些感动(太 25：26；提后 1：6)。如果这些感动在我们心里面仅仅延续了一周或一个月，那么它们就不应被视为圣灵的感动。主借着先知何西阿如此责备道：以法莲哪，你的良善，如同早晨的云雾(何6：4)。

所以，鉴于一个人如果未能持续地活出恩典，上帝的恩典在他身上便无从谈起，我将再提出一些有助于我们实践信仰的指导原则。信徒借助这些原则在生活中将更容易操练祈祷、信靠和认罪悔改。上帝恩典的种子，也会在信徒心中更加茁壮成长。

1. 无论你身在何方，或个人独处或有人相伴，无论是白昼还是黑夜，也无论你正忙于什么，你都要活在上帝面前。愿这样的劝勉始终被你牢记在心，让你时刻警醒，你正活在那又真又活的上帝面前。愿这样的劝勉刻在自己的心版上，好让你敬畏那公义的上帝，不敢犯罪。主也曾经如此劝勉过亚伯拉罕(创17：1)。以诺也是遵从此道，因而在经上被称为与上帝同行之人。

2. 将你的每一天都看成自己生命的最后一天，带着即将离世的心去过你在世的日子。仿佛临死之人会寻求善终一样，每一天去尽好自己一切的本分。让我们牢记，基督徒应当如此警醒。

3. 分类记下自己罪恶过犯的清单，特别是记下自己那些最辱没上帝圣名、最令自己良心不安的罪。常常回顾这份清单，特别是在自己因某些特别的事而愿意再一次向上帝悔改时；这份清单上的内容会更加让你的心向上帝谦卑降服。这正是大卫当年所行的。当他深思自己的道路,愿意重新回转,顺服上帝的命令时,他向上帝承认自己早年所犯的罪恶(诗 119：59；诗 25)。约伯也是这样,他曾说,在自己成千上万得罪上帝的过犯中,他找不出一件能为自己辩护的(伯 9：3)。

4. 在你清晨睁开双眼之时,当来到上帝的面前向他祷告,并由衷地感谢他。上帝必悦纳这样的祷告,并且在接下来的一整天中,你的心也将大大充满喜乐。因为就连经验也告诉我们,那先被酒浸染过的器皿将长久地保持那酒味的醇香。在你夜晚即将睡卧之时,也当以向上帝的祷告和感恩作为自己一天的结束,因为你并不知道在自己入睡之后,明天是否依然能醒来。因此,在自己清醒的时候,就要把自己交托在上帝的手中,这实在是无比美好的。

5. 竭力去认识自己属灵的贫乏吧,看到自己是何等需要上帝的恩典,特别是看到自己内心深处的不信、骄傲、自私等各样败坏。竭力去恨恶自己心中的这些败坏吧,倚靠耶稣,恳求他宝血的洗净和医治。愿你一生都这样践行,好在自己被问起这世上所有被造之人中谁最卑劣时,你的内心和良知能够大声回答:我,就是我,因为我自己的罪的缘故;并在被问起这世上有何事物对你最为有益时,你的内心和良知能够极其坚定地高声呼喊:

是那能洁净我众罪的基督宝血。

6. 时刻显明你作为基督肢体、上帝仆人的身份,不仅在作为基督徒的普遍呼召上,而且还在所蒙的特殊呼召上。对于一位官员而言,仅仅做一名基督徒是不够的,他也需要成为一位基督徒官员。对于一位家长而言,仅仅被称为基督徒也是不够的,他也需要在自己的家庭生活以及每天所从事的职业中,做一名基督徒。一个人可以成为主日讲道和圣餐桌前的常客,但这并不能保证他就是一个名副其实的基督徒。要配得此名,他必须要在自己的家庭中以及各种私下的举止言谈中显出相称的行为。要知道,一个人的本质是由他外在的行为表现出来的。

7. 通过查考圣经,来分辨你的一切行为哪些是犯罪,哪些不是犯罪。你要这样做好,让你常常心意坚定,不在任何事上犯罪远离上帝。因为仰望上帝的信心和趋向犯罪的意念是永远无法调和的。

8. 你一切的行为都应与你属天的追求相称,你的良心既然已经归顺于上帝真理的约束,你便不应在任何时候作出任何违背良心的事。你当竭力操练敬虔,逃避一切犯罪之事,无论在上帝对基督徒的普遍呼召中,还是在他对你的特殊呼召中,都当顺服他的一切命令。在这方面,约西亚作了美好的见证,他按着摩西一切的律法,尽心尽力地归向上帝；撒迦利亚和伊利莎白也是我们当效法的榜样，他们在对主一切命令的遵行上无可指摘（王下23：25；路1：6）。

9. 无论什么时候，你若因意志动摇被肉体的私欲所胜而犯下了或大或小的罪，此时一定不要再流连于罪恶之中，而要速速归回正路，向主承认自己的过犯，借着祷告来切切恳求主赦免这罪。你要不断地向主如此祷告，直到你良心的亏欠被主真实地平复，并且自己逃避同样罪恶的心志已经得到明显的坚固。

10. 你当常常深思自己在这世上的生命，当以何种方式结束才是合主心意的。上帝赐给我们属他的生命，并不是让我们在今生为自己寻求利益、尊荣和愉悦，而是让我们按着自己的呼召，借着服侍人来服侍上帝。如果上帝喜悦，他完全可以不通过人的服侍来祝福人，然而上帝却定意借着他所赐给各人的呼召来使用他们，从而祝福他在这世上的儿女身体得蒙保守，灵魂得蒙救恩。同样，上帝也并非要人做奴仆，然而他却定意让人通过忠心地服侍自己的主人，来服侍永生的主。由此可见，人因为错误地设置自己的人生目标，而让自己生命的价值大大贬损、自己的劳苦归于虚空；他们在世活着，只是为了让自己和自己的亲友获得充分的物质保障，为了在这个世界上去赚取各样的声誉、财富和供肉体享受的商品。这样的人只是在服侍自己,而非在服侍上帝和他人,更谈不上借着服侍人来服侍上帝。

11. 你当尽心竭力地去确认自己蒙拣选的身份,并多多地去收集那些自己蒙拣选的明证。为此,你当时刻留心观察上帝在你内心深处和所处环境中所施行的护佑、慈爱和怜悯。怀着敬畏的心去细细数算这些恩典,其中的一些会给你指明方向,让你无比确信上帝对你的眷顾和保守。大卫正是以这样的方式来操练敬虔(撒上17:34,36;诗23)。

12. 你要始终相信,自己眼前的处境无论多么不遂人愿,对你而言仍是最好的。因为无论降临在你身上的是怎样的不幸,纵使是疾病,或是其他的打击,乃至是死亡,你的经历仍有上帝良善的护佑。因此,我们今生要学习的功课就是要去竭力认识上帝的良善护佑:无论我们是身处丰富,还是身处贫穷;无论我们是受人称赞,还是遭人厌弃;无论我们是患病还是健康,是生还是死。

13. 你当不断祷告,这里说的并不是正式或定时的祷告,而是你内心深处向上帝发出的呼求。这需要你不断地去仰望那坐在天父右边的基督,并且无论自己身处怎样的环境,都能向他祷告或献上感恩。

14. 你当常常思考自己在这世上为基督的名可能会遭遇的最为悲惨的事情。估量可能遭遇的情况,并预备自己去承受。如此,当这些事真的临到时,你将不会惊慌失措,而是更容易从容面对。

15. 你应当为自己的闲懒、空虚、不诚实以及不敬虔的思想感到良心不安,因为这些思想会在你心里种下导致你言语和行为上犯罪的种子。若是我们忽略这样鉴察自己的思想,我们便会让自己的思想暴露在一种极其可怕的试探,即那种亵渎上帝的试探之下。

16. 若你的心中升起美好的感动或情感,不要让它轻易流失,而当借着读经、默想和祷告滋养这种情感。

17. 无论在言语或行为上你行出了怎样的善,都不要自负或骄傲,而要存谦卑的心。要看到是上帝赐给你这样行善的能力,因此当把一切的称赞荣耀归给他。你若不如此行,事情的发展将会让你明白,你所能做出的最伟大的善举,都将受到上帝的咒诅。

18. 不要轻看那诚实待人的美德,因为平安的良心与你待人接物的谦恭真诚彼此并行。因此,你当留心不要将那些人们在日常生活中所随意说出的谎言和誓言,视作正常。无论在言语还是行为上,不要与任何人发生争竞。无论对方的品行如何,你都要按着礼节温和地对待他。在与他人相处中要忍耐对方的缺乏、弱点、急躁、莽撞、自我中心、爱挑剔等问题,宽容地面对他人身上的这些问题,仿佛你未曾意识到它们一样。不要以恶报恶,而当以善报恶。你的吃喝穿着都当有合宜的样式，因为它们将向人们见证何为敬虔，同时它们也是你内心充满恩典的外在记号。除了在善事上勇于争先，不要在任何其他事情上与他人争竞。在自己的邻人、同事中，你要习惯于去尊荣他人，而非去得他人的称赞。留心自己说过的话，定意去做一个言出必行的人。不要伪装自己，让别人把你看得高过你自己内在真实的光景。无论是行善，还是接受他人的善行，你在与他人一切的交往中都不能剥削欺诈任何人。

19. 不要将你的感情过度地投入在任何受造物上，而是首先让你的心思平静和安息在基督里。这种在基督里的安息超越一切的高贵和荣誉、一切的技巧和谋略、一切的荣耀和尊贵、一切的健康和美丽、一切的喜悦和欢乐、一切的称赞和美名、一切的欢笑和安慰，是在基督之外、人心能够感受的所有美好都无法相比的。

除了在这些信仰实践的原则之外，我还要列出一些默想的原则：下面六条原则，出自一位博学的神学家维克多·施特格里乌（Victor Strigelius）。

1. 我们绝不应该因为任何受造物而远离基督。

2. 与这必死而短暂的今生相比，永生是更值得羡慕追求的。

3. 我们当持定上帝所赐给我们那恩典的应许，即使为此失去今世的好处也在所不惜。要知道，这些世上的好处在我们离世之时是无论如何也带不走的。

4. 让你在基督里爱上帝的心与那因着基督而爱教会的心不断坚固，胜过你对其他一切事物的爱慕。

5. 对于基督徒而言，他所要学习最为重要的功课就是去相信那些眼所不能见的事，盼望那些延迟、尚未成就的事，爱那位看似与我们为仇的上帝，并忍耐到底。

6. 医治我们忧伤最为有效的方式就是让我们的心安静，在信心中仰望上帝的同在和帮助，并向他祈求祷告，等候他的扶持或拯救。[14]

帕金斯作为神学家

神学教育家，灵修著作阅读的发起者与推广者，快速阅读者，下笔神速的作家，作品风格洗练却不失深刻的文学巨匠，欧洲敬虔主义之父，同时也是深刻影响英国的清教主义之父——无愧于这些美誉光环的帕金斯，还针对很多信仰主题作出过卓越的教导，它们是本文还没有提及的。这些主题包括了上帝对基督徒的呼召，基督徒的家庭生活，"学习谦卑，看自己合乎中道的美德"[15]，牧者的职分，讲道的原则，良心的功用，对上帝的敬拜，在言语上的自制，罗马天主教的错误,以及关于预定论的教义。尽管涉及的层面如此众多,然而重生的真理,即悔改归信、确信得救、委身信仰、践行合乎圣经教导的真理,一直是帕金斯最为关注的核心。肯德尔(R. T. Kendall)曾就此评价道:"帕金斯最主要的关切就是致力于催促人们必须去确信上帝对自己的呼召和拣选,并教导人们如何确信。"然而,这样的观点不免过于片面。[16]事实上,帕金斯所关注的首先是提醒人们应该成为基督徒,其次才是帮助他们确信自己已经是基督徒。上文所引用的段落凝聚了帕金斯关于信徒内在生命所必然会强调的重点,可以作为考察基督徒信仰真实与否的试金石。这些教导为我们勾勒出了一幅圣徒在真理上不断成长的形象,它正好可以成为我们从整体上认识帕金斯神学的有利视角。下面就让我们来讨论帕金斯神学的各个层面与作者的主要关注点之间的关联。

真理教导类灵修著作的形式和内容,常常取决于三方面:第一,作者对于圣经中有关信徒与基督的联合以及信徒如何做门徒的理解;第二,作者对读者的属灵需要的看法;第三,作者自己与主同行的经验。如果作者成人后归信,那么他们在书中便很可能将信仰上帝的人生与之前不信上帝的人生相对比。在使徒保罗、奥古斯丁、班扬、G. K.切斯特顿以及 C. S.路易斯的著作中,我们都会看到这类描述。帕金斯的著作也堪称此类作品的典范,从上文所摘选的内容中我们便可以看到这一点。

在帕金斯看来，真信徒的生命有两大特征，即渴慕圣洁与不断更新。渴慕圣洁表现为一种信徒发自内心对敬虔的追求：借着祷告寻求信心的提升（这信心是一种信徒对上帝启示的确知与倚靠，它的对象是那曾被钉死在十字架上、如今已复活的主基督耶稣），活出悔改的生命（悔改意味着对自己过去及现在一切罪恶行为与习性的自我省察），并借着从主而来的帮助胜过罪的捆绑，为自己的成圣（在爱中去遵行上帝的律法）铺平道路。那能够让信徒去投靠圣父与圣子的信心，以及让他们满有得救确据又大有盼望的信心，实际上是建立在一种知识之上。这知识是基督借着在十字架上的牺牲代赎，成就了那使人称义的恩典，让我们可以因此被上帝所接纳，成为天父家中的一员。基督徒生命的不断更新，说的是信徒渴求以及在祷告中祈求得到的生命改变明显开始出现在他们身上。逐渐地，那些发自内心祷告并重整自己生命的人，会在这条追求圣洁的道路上真实地寻获人生的意义、满足与平安，与此同时，他们会越来越明确地认识到自己已不同于曾经的老我。这是因为他们已经与基督联合，有圣灵居住在他们心中，他们可以确信天父上帝会以那救赎之爱、永不止息地去爱他们。帕金斯之后的清教徒，会将这种生命的更新归结在"重生"这个神学主题之下，然而在帕金斯的时代并没有人采用这样的神学术语。同样，在《威斯敏斯特信条》和大、小教理问答中，在圣经译者威廉·丁道尔和新教殉道士约翰·布拉德福德的论述中,我们也不曾看到这样的神学表述。然而我们不能忽视,基督徒这种在恩典中渴慕圣洁、不断更新的生命形态,最早是由这两位先驱提出的。

在描述那个时代英格兰的属灵需要时,帕金斯提到了当时社会各种各样的不道德与不敬虔。然而,让他最为忧虑的却是取代了罗马天主教之后,英国信仰生活中存在的新教形式主义和属灵自满。因此,他侍奉的目标可以被恰如其分地总结为:搅动安逸者,安慰痛苦者。

从帕金斯的各种著作中,我们都能看到他的一个基本要素,即渴望在英格兰以及欧洲大陆延续宗教改革传统并牧养这个传统里的信众。肯德尔有一点说得非常中肯,"帕金斯视自己代表着他所捍卫的圣公会的主流"。[17]帕金斯并不认同那些因为教会治理的争议而倾向脱离国教会的主张;在帕金斯看来,只要当时的圣公会仍是完全忠诚于宗教改革正统,并且他个人也有宣讲、教导这个正统的自由,那么他对于圣公会的忠诚就是不容置疑的,甚至有时在这样的教会制度下他要忍受干扰。(举一个例子,1587 年帕金斯曾被要求针对大学副校长的质询作出回答,质询的原因是帕金斯曾在讲道中说,《公祷书》要求跪领圣餐的教导以及司仪人员自己给自己圣餐的做法并非最合适的选择。)尽管如此,对于建制教会的忠诚是他所教导的基督信仰之不可分割的组成部分。

从更广泛的新教传统而言,我们需要看到,自称为加尔文主义者的帕金斯不仅吸取了加尔文的教导,也从诸如布塞、布林格、马斯库鲁斯(Musculus)以及马特尔(Peter Martyr)等新教作家那里获益,还有日内瓦的贝扎与海德堡的赞基乌对他的影响尤为明显。帕金斯《金链》(其基本材料是借用贝扎)一书的长附录,来自贝扎。在他另一本名为《论良心》(The Case of Conscience)的著作中,关于得救确据的论述中有超过一半的内容是吸收了赞基乌的思想。并且,从帕金斯自己关于信心与得救确据的论述中,也能明显看到他从这两位属灵伟人那里所受到的影响。一般而言,宗教改革的神学将信心理解为完全信靠圣经所应许的基督,与上帝恢复正确的关系。加尔文将信心定义为,圣灵因着基督的缘故让信徒完全信服于上帝恩典的作为,换句话说,信心是一种思想和心灵里满有把握的确信。此外,加尔文也将《彼得后书》1：10 中彼得的教导——"使你们所蒙的恩召和拣选坚定不移"——解释为呼吁信徒在行事为人上与自己的基督信仰相称。[18]然而,帕金斯延伸了这个信心的定义,使其既包括了相信的意愿(即在他们相信的行动产生之前的那种愿望),又包括了灵魂的行动(这种行动表现为信徒在一切心灵的苦楚和良心的亏欠中去仰望上帝所应许的基督)。此外,帕金斯根据贝扎和赞基乌的观点,将《彼得后书》1：10 理解为使徒劝勉信徒确信自己已活出自己的信仰,因为他们已明确地认识到上帝的恩典的确彻底改变了自己的生命。

　　帕金斯将这种对经文的认识与自己那种托马斯主义的良心概念结合起来。在帕金斯看来,良心就是一个人的思想借助他称为"实践三段论"的方式进行判断,要么反对和谴责,要么赞同和支持。在这种实践三段论中,大前提是某个道德或属灵的原则,而最为适切的大前提莫过于某个圣经的宣告;小前提是某个人们对事实的观察结论;最后的结论是一种道德判断。下面这个简单的例子,帕金斯当年用过,我们中的很多人也用过:

　　　　所有信上帝的人都是上帝的儿女;

　　　　我信上帝;

　　　　因此我是上帝的儿女。

　　肯德尔认为,帕金斯对于信心的描述有些混乱,对于得救确据的认识也令人困惑不解。然而,肯德尔这样的批评,很有可能基于他将理性与意志割裂开来,而在这一点上帕金斯并未如此。此外,肯德尔还将圣经中的自我鉴察与内省相等同,并且完全忽视了帕金斯的格言,即被上帝恩典更新的生命是不断成长的,也唯有这种生命的不断成长才能证明真实经历了上帝的恩典。[19]在我看来,帕金斯对于信徒生命的见解是正确的。首先,他通过实践三段论的方式,对良心发挥影响的原理进行了分析(尽管这是一种简化的分析模式）。接下来，帕金斯肯定了合乎圣经的自省通常会坚固信徒信心，让他们更加确信自己的重生以及上帝的同在。

在帕金斯的所有著作中，还有另一个一以贯之的基本要素，即圣经必须作为上帝的教导和对上帝的见证来接受，并且圣经的诠释必须将圣经原则应用于诠释者自己的时代和处境需要。布劳沃德在一段极有见地的评论中高度评价了帕金斯以基督为中心的释经学。评论一开始就引用了帕金斯的论点："圣经的各部分以最完美的方式彼此协调，那些看似矛盾的地方其实很容易调和，"这完全是因为，"整本圣经都是为着见证基督，以及他的应许和祝福。"如果对于某处经文的含义出现了不同的意见：

> 对于经文的不同意见……我们必须始终求助于基督，并且唯独以圣经为最终的依据：尽管对某处经文出现了上千种不同的解释，然而通过上下文的语境，以及与其他类似经文的对比，释经者仍可以确定这节经文真正的含义：在圣经中基督向我们解释他自己。[20]

帕金斯从贝扎和赞基乌那里继承了一个加尔文主义的"堕落前预定论"（Supralapsarian）版本，这一点体现在他所著的《金链》、用拉丁文写成的《论预定》（*De Praedestinatione*，1598），以及用英文写成的《论上帝的自由恩典与

人类的自由意志》(*God's Free Grace and Man's Free-will*,
1602)中,这里不需要作过多评论。"堕落前预定论"认为,
上帝在创世之先,人类尚未受造之前,就已决定要拣选人类
当中的一部分人,并弃绝其余的人。这种预定论观点与"堕
落后预定论"(infralapsarian View)形成了鲜明的对比,后者
认为上帝在确立拣选与弃绝的双重定旨时,他所针对的是
已经受造并堕落的人类。帕金斯支持"堕落前预定论",是
出于他对上帝在救恩施行中绝对主权的坚决维护,以此来
反对路德宗信徒,半帕拉纠主义的罗马天主教徒诸如贝拉
明(Bellarmine),以及英格兰的反预定论者诸如彼得·巴罗
(Peter Baro)、撒母耳·哈斯内特(Samuel Harsnet)与威
廉·巴雷特(William Barrett)。尽管如此,"堕落前预定论"
的主张,却让帕金斯试图强调的基督对堕落罪人的救赎之
爱,被限制在一种令人生畏的理性主义框架之中。正如同
所有版本的"堕落前预定论"信条一样,这种理性主义框架
似乎意味着上帝是一位专制的独裁者,置身事外地分开两
种人类群体,一种当被拯救,而另一种则当受刑罚,并且为
了达成这样的心意,上帝促使人在伊甸园中堕落。[21]绝大多
数十七世纪的清教徒,以及从那时起绝大多数的改革宗神
学家,都是"堕落后预定论"的支持者,这在我看来是以一种
无声的方式,表达他们对于帕金斯这位伊丽莎白时期的清
教徒先驱所采用"堕落前预定论"的遗憾。上帝救赎的主权
无疑需要被我们高举,然而过于教条的"堕落前预定论",却

并非是强调这一真理最好以及最合乎圣经的方式。

然而，"堕落前预定论"没有对帕金斯以福音为中心的讲道以及他的牧者心肠，产生丝毫的影响。下面我要回到这一点，并以此作为本文的结束。帕金斯有一篇针对《西番雅书》2：1—2 的讲道，这篇讲道当时传讲于"斯淘尔布里奇的集市，在讲道同时被记录下来"。[22] 这说明，这篇帕金斯 1593 年的讲道当时很可能是以速记的方式被记录下来，并在 1605 年帕金斯去世后刊印出版。下面，我将节选其中的两段文字，让我们得以一瞥那种清教徒所特有的思想境界。从第一段文字中我们会看到帕金斯作为福音传道者，他向人们高声宣扬着那"有意就近者皆蒙上帝邀请"的大好信息。谈及福音的应许作为"贵价的珍宝"时，帕金斯如此说：

……永远不要说，这已超过了你所能达到的程度，或说那贵价的珍宝是过于你所能支付的，因为现在我就要白白地将它给你们当中的每一个人。我要奉主的名向你们宣告，现在这神圣的真理就要白白地赐给你们，你们不用银钱就能得到它（赛 55：1）。你们不辞劳苦从远方而来，高兴地为自己的身体所需购买物品，付出昂贵的代价。现在，你们竟遇到了如此的奇珍异宝，其价值足以拯救你们的灵魂，并且你们可以不花一分钱就得到它。

在接下来的一段文字中，我们会感受到帕金斯的牧者情怀与先知的敏锐，以及最好意义上的爱国精神。他的话明确指向英格兰和圣公会的前途，以及上帝对民族施行审判的征兆。

英格兰的众罪……首先就是对敬拜上帝和他旨意的轻忽……第二个主要的罪，就是整个英格兰轻看基督教信仰……

我们的教会无疑是上帝的禾场，我们就是上帝要收聚的谷物。那些布朗恩[Robert Browne]主义者（罗伯特·布朗恩的追随者，期望脱离圣公会）是如此瞎眼愚蠢，他们竟看不到圣公会是那属上帝的极好收成。尽管如此，我们却不得不承认我们当中充满了糠秕……因此上帝将要在我们中间作那扬净的工作，好找出谁是他的谷粒……你需要让自己经受试炼，才能逃避上帝的审判……同样，为了让自己逃避那被上帝吹散的命运，你必须用上帝的律法去除自己心中的污秽……你需要每天都将自己的生命放在上帝律法的光照中……你需要每天守护自己的良心的法庭，让一切思想、言语和行为接受审问。用上帝的十诫去审问它们，你所发现的种种过犯罪恶以及败坏，它们正如糠秕，你需要借着悔改将其吹散……长久以来，我们安适丰裕的生活已让许多惊人的罪恶滋生在我们的生命中……我们所有的人都应重新悔改，为着这教会和国家向上帝迫切祷告，唯愿我们的主能向这国这民显出他的怜悯，并让他的和平与福音在我们当中不断拓展。

在本文最初的题目中，我将威廉·帕金斯称为四个世纪前的神学家、传道人、牧者以及一位值得我们怀念的圣公会圣徒。我相信，通过上文的阅读，读者对这样的评价是能够接受的。现在我要提问，在刚刚看到的那段帕金斯关于英格兰以及圣公会的思想中，你是否也强烈地感受到一种与自身的密切关联？如果是这样，我们难道不应认为帕金斯这段话也是指着苏格兰教会、爱尔兰教会和威尔士教会说的吗？我盼望你我都能来认真思考这个问题。

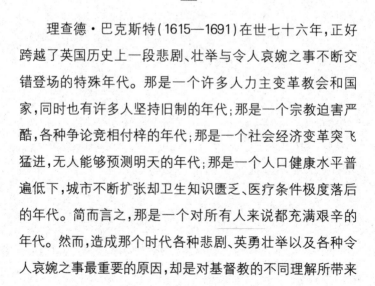

第九章
理查德·巴克斯特：
全面的事工开拓者

——

理查德·巴克斯特(1615—1691)在世七十六年，正好跨越了英国历史上一段悲剧、壮举与令人哀婉之事不断交错登场的特殊年代。那是一个许多人力主变革教会和国家，同时也有许多人坚持旧制的年代；那是一个宗教迫害严酷，各种争论竞相付梓的年代；那是一个社会经济变革突飞猛进，无人能够预测明天的年代；那是一个人口健康水平普遍低下，城市不断扩张却卫生知识匮乏、医疗条件极度落后的年代。简而言之，那是一个对所有人来说都充满艰辛的年代。然而，造成那个时代各种悲剧、英勇壮举以及各种令人哀婉之事最重要的原因，却是对基督教的不同理解所带来的冲突。不得不承认，这听起来有些可悲，但这却是事实。

　　巴克斯特所经历的这七十六年，无论对于任何一贯坚持原则的基督徒而言，都是一段布满荆棘的旅程。如果你是一名虔诚的天主教徒，在这七十六年中你将一直遭受公众的敌视，人们会始终认为你怀有颠覆政治的不轨之心。如果你是一名高派圣公会信徒，极度认同《公祷书》、主教制以及王室在教会和国家事务中至高无上的权威，那么你将会目睹你所支持的一方在十七世纪四十年代的英国内战中遭遇惨败，你会为莫须有地指控英王背叛人民而义愤填膺，为处决英王的叛国行为（对你而言）而悲恸不已，你会看到《公祷书》和主教制一度被议会废止。如果你是一名圣公会的神职人员，那么在英王复辟（1660 年）之前，你将必然错失一个牧者一生服侍教会最为宝贵的二十载大好年华。又或者你和巴克斯特一样，是一名清教徒，以约翰·加尔文的神学为根基，实践并传播着圣奥古斯丁的信仰，那么你将不得不去忍受内战之前的二十余年里圣公会以阿明尼乌主义为主导的教会治理，在英王复辟之后英国教区近两千名清教徒型牧者的被逐，圣公会随之在福音真理上的堕落，以及对成千上万认同新教的不从国教者长达二十五年的监禁迫害（因后者在崇拜中拒绝使用《公祷书》）——这场信仰逼迫直到 1689 年《宽容法案》颁布，才告终结。无论你在信仰上坚持怎样的原则，你都会在这些年间经历许多艰难困苦。

　　就在刚才，我称理查德·巴克斯特为一名清教徒。考虑到这个称号在今天对许多人而言仍然带有某种偏见意味,正如它在巴克斯特自己的一生时间里一样,我需要在此即刻指出,我这样称呼巴克斯特仅仅是因为巴克斯特视自己为清教徒。有一点应该引起我们的注意,1680 年巴克斯特的两位反对者在出版物里称他为彻头彻尾的清教徒,又说他"每个毛孔中都渗透着清教主义"。对于这样的评价,巴克斯特回应道:"哀哉,可惜我并非那么虔诚和快乐。"尽管我们可以说,巴克斯特具有普世倾向,对于各种主流的基督教传统也抱有敏锐与开放的学习态度,然而从始至终他仍将清教徒理想与基督教信仰等同。用他自己的话来说,前者就是"纯粹的基督教"——这种表达之后也被 C. S. 路易斯借用过。此外,巴克斯特所有的作品也反映出他一生竭力追求成为典型的主流清教徒。

那么,清教主义究竟是什么? 不太称职的编辑马太·西尔维斯特(Matthew Sylvester)在他于 1696 年出版的八百页对开本的《巴克斯特自传》(*Reliquiae Baxterianae*)一书的序言中写道: 无论是从历史还是其他角度而言,巴克斯特堪称具备了"敏锐如鹰的眼睛,忠诚爱主的心灵,博大精深的思想,深挖细究、体贴入微的精神与体恤关切的情怀。他同时代的人以及无数后辈,因他而收获了对种种事物本质与相关议题的真知灼见"。[1] 那么,在巴克斯特的眼中,清教主义又有怎样的内涵呢? 要回答这个问题,并不困难。巴克斯特对清教主义的理解,一如今日学界在纠正了数个世纪以来人们对清教主义的漫画式讽刺之后所形成的结论。他向我们指明，清教主义实质上是一种对基督教信仰整全的认识，它以圣经为基础，以教会为核心，强调上帝的荣耀、信徒的学识、正统的教义、牧养与归正的神学，它将个人、家庭、职业、政治、教会、经济等层面整合为一体，呼吁所有人按照上帝的道来规范自己生活的所有领域和所有关系，从而所有的一切都被圣化，向主成为圣洁。清教主义最主要的行动在于教牧性的福音传道，以及借讲道、教理问答、教牧辅导来牧养会众，还有清教徒牧者所教导的真理一贯围绕着如下主题：信徒的自我认知、谦卑与悔改，对救主耶稣基督的爱与信靠，重生以及作为其明证的成圣（靠着上帝的力量，过圣洁的生活）的必要性，尽心尽力遵行上帝一切律法的必要性，对于圣经所启示的蒙恩之道平衡严谨的应用，以及信徒在任何处境下蒙圣灵带领而来的信心和喜乐。清教徒视自己为奔往天上家乡的天路客，主麾下的精兵，要与世界、肉体、魔鬼不断地争战。此外，他们还将自己看作是上帝的仆人，奉命在这世上显明基督的恩典，彰显敬虔的见证，并且要在自己的一生之中竭力去行各样的善事。这就是巴克斯特所定义的基督教。也正是本着这样的信仰，巴克斯特在自己坎坷漫长的一生中，彰显了那得胜的见证。

二

下面,让我们进一步来审视巴克斯特的生命。我以简历的形式将他人生的重要事件罗列如下:

理查德·巴克斯特,贵族绅士(因为他父亲曾经拥有一处小规模的地产);1615 年 11 月 12 日生于赛洛普郡的罗顿;毕业于罗克塞特的私立学校唐宁顿自由学校(巴克斯特从未读过大学);1638 年被罗克塞特的主教按立为教会执事;1639—1640 年被按立为布列格诺斯的副牧师,1641—1642 年被按立为基德明斯特的教会讲员,即接受薪俸的传道人;1642—1647 年为议会军的随军牧师;1647—1661 年成为基德明斯特的牧师,在这段时期他的服侍几乎影响了镇上的所有人悔改信主;1661 年参加萨瓦会议(Savoy Conference,清教徒与圣公会的领袖就国教会恢复后《公祷书》的修订进行讨论,这次会议最终归于失败);1662—1691 年居住在伦敦或伦敦附近;1662 年与玛格丽特·查尔顿(Margaret Charlton,1636—1681 年)结为夫妇;1669 年被囚于克拉肯维尔监狱一周,1685—1686 年被囚于萨瑟克监狱二十一个月;1691 年 12 月 8 日离世。他所著的《圣徒永恒的安息》(The Saints' Everlasting Rest,1650),是一本历代以来的灵修经典,论述信徒默想上帝和天堂如何能够更新信徒当下服侍的心志;这本厚达八百页的书,在问世的头十年中极度畅销,每年都会再版。1656 年出版了《归正的牧者》,这本警醒、劝勉、教导牧者的作品也成为传世经典;1658 年出版了《对未悔改者的呼唤》(*A Call to the Unconverted*),这是英国最早的传福音袖珍书,在问世当年就发行两万册,并在巴克斯特的有生之年源源不断地吸引了大量读者归信;1673 年出版了《基督徒生活指南》,这是一本特色鲜明的百万字大全类巨著,其内容是清教徒针对基督徒生命和行为的教导。还有其他一百三十余部作品,涉及教牧关怀、基督徒的合一、业余爱好、医药、科学和历史等方面。这就是我们正在缅怀的巴克斯特。

后世之人再去记念巴克斯特还有意义吗? 基德明斯特的民众在 1875 年对这个问题给出了肯定的回答,他们在镇中心竖立了一座极为精美的巴克斯特正在讲道的雕像,其上铭刻着这样的碑文:

本城在 1641 年至 1660 年间

曾是理查德·巴克斯特的辛劳之地。

巴克斯特以其基督教学识

与忠诚的教牧委身而著称。

在那动荡、分裂的年代,

他极力倡导合一与包容,

向人们指出了通往永恒的安息之路。

此纪念碑为国教会信徒与不从国教者共同设立

公元 1875 年

这些铭文表明,1875 年的人们对于巴克斯特的品格与
作为有着怎样的怀念。其中诸如"基督教学识"就指向巴克
斯特当年博古通今的才华,他总是在学习、阅读,有着过目
不忘的记忆力,并且对于读过的书籍,他的评述一贯地表现
出准确的领悟与深刻的洞察。巴克斯特曾抱怨自己因为众
病缠身(他一生都在病痛中度过)而错失了太多学习的时
间,这对他而言是必须承受的最大痛苦。尽管如此,巴克斯
特对圣经内容的精通,对整个基督教传统的掌握,以及对自
己所辩护的许多观点的熟稔,都让那些稍微了解他的人不
由得钦佩他学识的精湛。巴克斯特无疑是有史以来著述最
多的神学家。除了约四百万字有关教牧、护教、灵修、教导
的内容被再版收入他的《信仰实践文选》(*Practical Works*)
之外,他的著述还涉及救恩的教义,教会的合一与不从国教
的认信,教会圣礼,罗马天主教,反宗派主义,千禧年论,贵
格主义,政治与历史,更不用说还有拉丁文的系统神学,共
计六百余万字。看到如此大量的著述,一个人无论最终同
意巴克斯特的观点与否,都会意识到自己所面对的是一位
洞察深刻、学识精深、阐述清晰的思想家——学养上超凡绝
伦,信仰上发人深省。这样的评价,并非是说巴克斯特总是
正确。我所看到的,正如 1875 年人们对他的缅怀一样,是

巴克斯特无疑堪称最为人所敬仰的基督教思想家之一，在各个方面都值得我们尊敬、怀念。

1875 年的铭文，同时也纪念着巴克斯特当年持之以恒的一项努力，即他对"教会的合一与包容"的关注。为此，他四十年之久不断发声疾呼和著书立说。在当年的处境中，巴克斯特所付出的努力可以说是无人能及的。这样说，部分是源于巴克斯特这类言论的尖锐与深刻，然而更重要的原因却在于，他所身处时代的人们普遍将党派意识以及在各自立场上的口诛笔伐视为是对信仰严肃认真的合宜表现。然而，直到 1875 年，人们才意识到巴克斯特所言的正确，这一点放在今天更是如此。巴克斯特呼吁合一，是基于在认信的基督徒和教会中间将可以容忍的差异与不可容忍的差异区别开来。首先，他呼吁各方明确一个事实，即凡接受《使徒信经》、十诫和主祷文的信徒已经构成了基督徒的主体，对这三个文本的认信确定了基督教的边界，在这样的基础上不同宗派的信徒可以尽最大的可能来推进主内肢体的彼此相爱、合一与连接。其次，他呼吁各方能够因此来遵行这样的原则，即在必要之事上合一，在非必要之事上彼此包容，在凡事上存仁爱之心。巴克斯特关于宗派间包容的主张，建立在他对英国圣公会的理解与起初推进教会变革人士的一致性之上，即国家教会是一个连接所有认同"纯粹的基督教"（仅仅根据基要真理而定义的基督教）的教会的联盟，这些教会在联盟中彼此合一，为着推进英国民众对福

音的敬虔委身而共同努力。他如此的呼吁是期望 1662 年
恢复国教会的强制统一政策有所放松,准许长老会、独立派
和浸信会成为教会联盟的一部分。巴克斯特这样的认识,
在当时可以说是卓尔不群且令人信服的。在那个充斥着信
仰逼迫的年代,这样的声音犹显宝贵。当时的不从国教者
(据估算,人数有十二万左右)如果被证实私下聚会崇拜,将
会遭受罚款和被囚禁的命运。尽管如此,巴克斯特的提议却
同时遭到了圣公会与不从国教者的否定。前者对于不从国
教者充满了憎恨和怀疑,视他们都是潜在的革命分子,而当
时圣公会中高派神学也普遍对非教区制教会与非圣公会牧
者采取否定的态度。另一方面,则是不从国教者对于施加信
仰迫害之圣公会的极度忿恨与蔑视,他们内心决不愿再与其
联合。因此,在这样的处境中,巴克斯特的合一主张在他有
生之年都没有得到任何一方的重视。然而,我们可以看到为
什么在 1875 年,即不信的社会浪潮席卷所有的自由教会,令
圣公会的信仰版图大片荒芜,并永久改变宽容问题的形态之
前,立碑者们希望纪念巴克斯特的生命见证。

　　然而,时至今日,巴克斯特对我们有什么意义呢? 他的
神学成就、牧养能力、对宗派之间合一与包容的主张,以及
在盼望圣徒永恒安息上的身体力行,是否仍值得我们今天
再去纪念? 在我看来,巴克斯特的精神对当代信徒而言不
光闪耀着从基督而来的照亮黑暗的异象、活力和智慧。鉴
于我们与 1875 年的信徒相比更远地偏离了此异象、活力与

智慧,我们需要更加迫切地向巴克斯特学习。在本文的题目中,我称巴克斯特是"全面的事工开拓者"。因此,接下来我将进一步走近巴克斯特的信仰人生,近距离地审视他在各种事工中的角色。我这样做的目的,就是要向今天的信徒证明,我们是何等需要向这位清教先驱倾心学习,正如所有渺小、浅薄的人应当仰慕伟人,求教于他们一样。下面,我就要进入此主题。

三

巴克斯特在论述上帝恩典与福音祝福的时候,在文辞表达上有非凡的造诣,他一生的服侍常常被人们看作是全然委身、火热爱主的牧者典范。上帝借拯救灵魂和使教会成圣之工所彰显的荣耀,是他一切事奉的核心。沉思公共视野中的巴克斯特在各种事工中的勇气、正直和火热,让人振奋不已。然而,在我看来,更振奋人心的是去沉思个人生活领域中的巴克斯特,即那位各种事工背后的圣徒。有一篇巴克斯特深入自我分析的文章,大约写于 1665 年(当时他五十岁)。在他死后,这篇文章被收入《巴克斯特自传》而得以出版。正是在此文中,巴克斯特向我们倾诉了他从年轻时起服侍基督以来,所清楚意识到的自己内心的改变。这些描述从总体上让我们看到巴克斯特的生命成长,即从那种对主未经试炼的火热成长为对主的成熟专一,从某种程度上专注自我、固执于小事成长为平静地专注于上帝和重要之事,并具有了全面注视和把握重要之事的能力。对于上帝在巴克斯特身上所成就的奇妙改变之工,我从他自己谦卑而诚实的见证中摘取了一些片段[2],从中读者可以直接感受到巴克斯特属灵生命的光彩,进而对我之前的评论是否过于夸张做出判断。

我现在意识到,没有什么比鲁莽地强求他人接受真理以及过于严厉地责备他人,更让福音受阻。

我年轻时总是把信仰的基本要道看得平淡无奇,而对各式各样的神学争议趋之若鹜⋯⋯然而随着年龄的增长,我越来越能放下这些争议和我的好奇心(尽管我的理性仍然厌恶混乱)⋯⋯现在我最为珍视、每日思索的就是教理问答中的那些基础要道,发现它们对于我自己和他人来说是最有益处的。《使徒信经》、主祷文和十诫现在是我所有默想中最乐意去沉思的对象,是取之不尽的源泉。它们就像我日用的饮食⋯⋯对于所有的事物我都能看到它们被造的意义和用途,并为之喜悦、感恩,并且在我每日的生活行为和思想经验中,我都能领悟到关于圣父、圣子、圣灵的知识,以及关于圣经真理、将来生命和圣洁生命的知识。它们对于我来说,其价值远超过最满足人好奇心的思考⋯⋯学习这些真理将会让信徒更加成圣,并能让人从中获得真实的喜乐。

以前,我将信仰的重点放在内心的谦卑、为罪忧伤和悔改的眼泪上……而现在我的良心却因定睛在将爱上帝、赞美上帝并以上帝为乐作为我信仰的首要义务。现在,我极其看重对上帝属天祝福深刻而频繁的默想,然而我年轻时却并非如此……现在,我对阅读、聆听或默想上帝与天堂的兴趣,远远超过了其他主题……曾经我更习惯于去省察自己的内心……审视自己的过犯或缺乏,或者检视自己的忠心;现在尽管我依旧确信一个人需要去省察内心,但我却看到自己更迫切地需要去寻求主更为高超的作为,并且我更需要时常仰望基督、上帝和天堂,而非只关注自己内心的光景。

与以前相比,现在的我对人性良善和罪恶的认识更为深入……以前,我欣赏口才的恩赐以及坦白信仰,然而现在我却不这么看……以前我几乎认为所有祷告流畅感人、擅长谈论信仰的人都是上帝的圣徒。然而,随着经验的增长我却看到,高谈阔论背后往往藏匿着惊人的罪恶。

曾经我祷告的眼界只限于英格兰,对世界其他地方没有丝毫关注……然而,现在随着我对这个世界的情况以及主祷文的精义有了更深的理解……我为世界上未悔改地区祷告的迫切程度,远远超过了我为所有其他主题的祷告……

（之后，他表达了对宣教先驱人物约翰·艾略特［John
Eliot］的敬仰。后者被称为"新英格兰地区印第安人的使
徒"，其事工也得到了巴克斯特的资助。巴克斯特还表达了
心愿，盼望 1662 年被英国逐出的两千位清教徒牧者都能成
为海外宣教士。）

与年轻时初信主的自己相比，现在的我对于基督徒
之间的争执更加痛心疾首。除了对未归信世界的忧虑之
外，没有任何事物能够像教会分裂那样更令我感到悲痛
惋惜。因此，现在的我对于造成这些分裂之端的那些高
位神职人员和牧师的罪恶有了更深切的认识。希腊教会
与罗马教会之间的纷争，天主教徒与新教徒之间的纷争，
以及路德宗信徒与加尔文主义者之间的纷争，已极其可
悲地令基督的国度蒙受了损失。

我明确地知道，自己所有的侍奉都无法成为某种功
德，要求上帝按着我的付出施以恩典。然而与此同时我
却能清楚地看到自己愿意专心活在他盟约之中，而时刻
存在、永不改变、确切无疑的明证之一，莫过于我对自己
的生命已完全委身于主的明确意识。我现在能够更加平
安地确信，自己的一切过失都已得蒙救主的赦免。这是

因为我深知自己除了基督再无任何其他的主人，并且我也深知自己的软弱，但除了被他呼召，以他的事工为念，并在这世上专为他活以外，我的生命再没有任何其他的意义、价值和目标。我生命的这种取向和目标，连同我心中对于在主里能够得以完善的渴慕（这种完善包括了对上帝的爱、信心与知识，以及在圣洁、属天的思想和行为方面），构成了显著、不变、清晰的证据，让我能够完全克服自己对是否已经确实被主重生的疑虑。

之前，我已表达过自己对于论辩类著作的看法的改变。从此以后，与其说我有技巧，不如说我愿意去避免这类写作。我必须带着内心的忧伤痛悔承认：我非常倾向于在论辩中使用尖锐激烈的文字，去伤害、刺激那些我所反对的人……因此，我感到懊悔，并希望所有这些过激的文字能够从我的书中被完全删除。同时，我也盼望能够得到上帝和相关者的原谅。

显然，唯有伟大的圣徒才能说出这样的话。巴克斯特身上那种罕见的卓越天赋与超然圣洁，他的谦卑、忍耐、务实与坦诚，让人不得不由衷地叹服。从以上这些巴克斯特对自己的近乎"临床观察"中，我们能够明显地感受到他内心的平安与喜乐。从这些文字中，我们看到的是这样一位巴克斯特，他一生做工不息。他时常切切地向上帝祷告，殷勤地劝勉人,然而其灵魂深处却时刻享受着在上帝里面的安息。而且,当考虑到在所有伟大清教徒受难者中(可以说,清教徒整个群体是伟大的受难者),没有任何人承担的痛苦和仇视能够与巴克斯特相比,我们对他内心深处的那种平静安稳更是钦佩有加。他成年之后,一生都被各种疾病所困扰(结核性哮喘、习惯性流鼻血、指尖出血、偏头疼、眼部炎症、严重的消化不良、肾结石与胆结石等等)。正如他所说,从二十一岁开始他"脱离病痛的时间极少能够超过一小时",并且在之后五十五年的人生中丧失部分自理能力,因此他对死亡所带来的解脱充满了渴望。除了疾病的折磨以外,从 1662 年开始巴克斯特就因为自己在不从国教运动中的杰出领袖身份,遭受了极度的仇视和迫害:他因传道被拘捕过数次;被监禁过数次;为了支付罚款而被没收个人财物,包括有一次甚至连他卧病的床榻都被充公。并且,在他人生的最后时光中,他还接受过一次审判。事实上,我们几乎很难称之为正式审判,因为法官是臭名昭著的英格兰最高司法总长杰弗里斯(Judge Jeffreys,其审判无须向任何人负责),此人是詹姆斯二世用来惩治国内反抗势力的酷吏。这次不公正的审判,也让巴克斯特遭受了生平最严重的声誉诽谤。因此,在这里我们有必要停下来对此事件做一番回顾。[3]

巴克斯特被指控的罪名是煽动他人叛乱,这实在是一项令人啼笑皆非、纯属捏造的指控。指控的依据是,巴克斯

特所写的《新约释经》(*Paraphrase of the New Testament*)
一书中关于法利赛人与犹太当权者的释经，被认为含有攻
击英格兰教会和国家统治者的意味。(巴克斯特之后对此
评论道，按照相同的逻辑，他同样可以因为说一句主祷文中
的"救我们脱离凶恶"而遭到指控。)在审判过程中，杰弗里
斯不允许巴克斯特和他的六位法定代理人进行任何连贯的
辩护。与此同时，法庭也没有对《新约释经》中那些引发争
议的章节作任何讨论。在整个过程中，杰弗里斯不断向这
位年过七旬的清教徒长者发出咆哮(以下这些话是当时的
见证人所言)，将他说成是"一条自欺欺人、顽梗悖逆、狂热
的老狗，竟然拒绝任命(这说的是，在圣公会恢复之时，巴克
斯特拒绝了成为赫里福德[Hereford]主教的神职任命)。真
该绞死他！这个老家伙对宪法与教会完美律例的践踏污
损，就算用一百年时间由上帝亲自来洁净也难以消除干净！
真该把他拖着沿街示众、鞭打"。当这位法官结束了向陪审
团的"义愤陈词"之后，巴克斯特说道："法官大人，难道你认
为任何陪审团会在这样审理的基础上做出一份裁决吗？"
"我可以向你保证，巴克斯特先生，"杰弗里斯回答道，"这完
全不用你操心。"于是，陪审团当即认定巴克斯特有罪——
甚至都没有休庭讨论裁决。最终，巴克斯特因此案被监禁
了十八个月之久。

　　尽管如此，我们仍需看到，此事之后，巴克斯特一直活
到了七十六岁，而杰弗里斯在四十岁时便死于酗酒。我们

可以从日后成为巴克斯特传记作者的马太·西尔维斯特的书中了解到,坎特伯雷主教提罗生(Tillotson)曾写给他一封激励人心的书信,其中包含一段他对当年审判的看法:

> 巴克斯特牧师遭受咆哮、诽谤、辱骂、蔑视的那一刻,是他人生荣耀的巅峰。你要尽力将那一刻展现出来……他人生最尊贵的片段唯属那一刻,而绝非他若接受主教任命而能获得的尊荣。使徒(保罗)当年在谈及荣耀时(林后2:11),只提及自己的劳苦、争战、坐监和受刑:即他的困苦、疲乏、危险与恶名;却从未自夸过自己的丰富、所受的训练与具有的优势。愿上帝带领我们来效法这样的属灵生命,并救我们脱离那对世界的贪恋。[4]

盼望所有得听此言的人,都能从心底发出"阿们"。

四

通过上文,我们对巴克斯特的生平已有了一定的了解。接下来,让我们再对他所成就的教牧事工做一些考察。首先,让我们来审视作为福音传播者与信徒牧者的巴克斯特,了解他当年在传道人、教师以及属灵作家方面有着怎样的职分担当。

在我看来,巴克斯特对于他在基德明斯特服侍果效的自述，可以作为本文这一部分的最佳开篇。刚到此地时，他发现，镇上的两千余名居民中的绝大多数"实为一群无知、粗鲁且沉迷音乐之徒……在他们中间几乎从未有过任何激励人心的福音讲道"。然而，在巴克斯特到来之后，镇上的情况却很快发生了变化。

在我开始服侍时，我会对那些愿意谦卑、学道或悔改的人投入特别的关注；然而在经过一段服侍之后，我看到上帝喜悦这样的事奉，因为有很多的人因此悔改，而我却没有足够的时间去特别关怀那些内心火热的初信之人……许多家庭和大量的居民，仿佛在一夜之间悔改归主。对于他们如何在信仰上取得了这样的成长，我可以说是一无所知。

会堂常常座无虚席。因此，在我来到这里以后，我不得不让大家再搭出五个楼座。在不使用这些楼座的情况下，会堂一次基本上可以容纳一千人。我们私下的聚会（今天我们常称此为小组活动）也一样挤满了人。到了主日，街道上看不到喧嚷混乱的情况（在巴克斯特到来以前，主日对于那里的人而言是运动的日子），在你经过街道时，你能听到数百个家庭在唱《诗篇》或复述讲道内容。回想在我刚来这里时，主日只有一户家庭在敬拜主。然而，在我离开时，则变成了街上不敬拜主的家庭不会超过一户，几乎所有的人都表现出虔诚的信仰。这一切都让我看到上帝在这里真实的作为……若我要安排私下会议和教导他们基本要道，整个镇子上几乎不会有任何家庭会谢绝这样的邀请……（因为健康的缘故，巴克斯特常常因为身体不便而无法前往信徒家中，于是他便让他们到他的家中来与他会面。）并且很少有家庭离开时不感动落泪，并愿意立下庄重的承诺去过敬虔的生活。[5]

巴克斯特成功的秘诀是什么（至少到现在为止，我们能够分析巴克斯特采用了哪些方法促成了这令人称奇的事工果效）？他记录了当时处境下一些超乎寻常的因素，这包括他所在教区的居民对福音并非极其抵挡；他拥有得力的协助者，他的副牧师和会众中的一些肢体都给予他极大的帮助；归信者真实悔改所带来的圣洁生命具有吸引力，而镇上居民中顽梗悖逆之人的罪行显得令人厌恶；基德明斯特没有彼此对立的教会和宗派争论；当地大多数家庭都从事纺织业，因此居民绝大多数时间都是在家中工作，他们"有足够的时间来阅读或谈论属灵之事……当他们站在纺织机前工作时，他们可以将圣经放在面前，彼此教导真理"。[6] 此外，其他的有利因素还在于，巴克斯特教牧服侍的时间很长；他在教会中启用了惩戒的制度；他长期未婚的身份使他可以专注于对教区居民的服侍；他捐赠了许多圣经和属灵读物（他的著作每印刷十五本，他便可以免费获得一本，以替代应得的版税，他便将这部分书籍用来赠送）；他对穷苦人士的资助；以及曾有一段时间，他还临时作为当地的业余医生免费为众人看病，并取得了不错的治疗效果。（在巴克斯特最终说服一位专业的医生搬至他的教区行医之前，他一直从事着此项义工。）巴克斯特相信，所有这些因素对于推动福音深入人心都起到了积极作用。他无疑是正确的。然而巴克斯特成功的关键因素，从人的角度看，却显然在于他在传讲福音时那种话语的明晰、震撼人心的能力以及令人叹服的讲道技巧。

巴克斯特传讲的福音，在内容上与古旧的福音并无任何差异。这福音就是关于人类堕落、救赎和重生的好消息，它为历代清教徒所持守，在新约中得以全备地彰显于世人。巴克斯特竭力呼吁人们从那种以自我为中心和有罪的人生转向耶稣基督，即那位被钉十字架又复活的主。此外，他从悔改、信靠以及在圣灵中对上帝全新之顺服这三个方面，全面地阐释了这种转向基督的人生的具体内涵。在他眼中，那些未向主悔改的人正走在通往地狱的道路上，他们在关乎永恒生命的属灵之事上是沉睡的，对自己所身处的危险没有丝毫意识。对此，巴克斯特通过讲台讲道的侍奉和对每个信主家庭的年度教牧协谈（他称此为"属灵询问"），来力劝那些尚未悔改之人在上帝那可畏的审判未至以先，完全向基督委身。要了解他当年的这类教导以及他是如何教导的，我们可以求助于他那些经典的关于归信的著作。这当中包括《论罪人的归信,关于如何才能真实归信的教导与劝勉》以及《对未归信者的呼唤》(后一本书的全名是:《对未归信者回转得生的呼唤,劝其在上帝尚未收回怜悯之时接受他的怜悯,好让他们在自己身处绝境之时能够从又真又活的上帝那里蒙受他至大的怜悯》)。这两本著作起初都是巴克斯特面向基德明斯特会众的系列讲道。

巴克斯特注意到,关于信徒个人归信的主题,所有的神学先贤均没有像他那样具体地进行充分的阐释。巴克斯特将归信视为一种过程,并进而做出了细致的阐述。他认为,信徒在信靠基督以及在基督里悔改得生之真理的不断光照下,上帝新造的生命(今天的神学术语称之为"重生")将会在他心中隐秘地生发出来。这新生命首先表现为信徒对基督的渴慕和寻求,之后将会促使信徒去全然投靠上帝的恩典,向这位救主敞开自己的心灵,切切祷告基督来成就他的一切应许,并时刻仰望他的怜悯和帮助。最终,信徒在这样的委身中,将真实地看到自己已经寻见了基督(或更准确地说,真实地看到自己已经被基督寻见)。在此之后,那归向上帝的人将会继续与基督同行,在喜乐与平安中效法他的榜样,顺服他的命令,爱慕他,服侍他,敬拜他,并为主做工。尽管有些人是在一瞬间忽然意识到了救主的信实与临在,并随之在思想与行为上产生巨大的改变(比如保罗在大马士革路上的经历,很多人也有过类似的经历),然而人归信的整个过程仍是需要时间的,并且主宰这一过程发展快慢以及何时成全的是上帝，而非传道人。巴克斯特的事工强调以下四方面，并将它们紧密地联系在一起，即上帝主权的恩典，信徒心灵的更新，以最严肃、迫切的态度教导并学习信靠上帝的必要性（因为这关乎永恒问题），以及在每个教会持续、竭力传讲福音的重要性。巴克斯特大量关于牧者当如何以福音为中心、向主尽忠的论述，都集中在他经典的释经著作《归正的牧者》一书中，从中我们可以全面地领略到他在实践中以归信为中心的教导。

以上还不是巴克斯特事工的全部。1644 年，当局不允许巴克斯特牧养教会。此时的他想起已故大主教厄谢尔 (Usher) 曾经力劝自己"为各个层次的信徒撰写一部信仰指南"的建议，以及自己要完成一部"指导信徒家庭生活"著作的夙愿。于是在一年中，他完成了一部一百二十五万字的巨著。1673 年，这本书出版，书名定为：

基督徒生活指南

或称

实践神学大全，以及关于良心平安的论述合集，

为要指导信徒如何运用他们的知识和信心；

如何借助各种蒙恩之道力上加力，成全自己的各种本分；

如何胜过试探，逃避并弃绝众罪；

全书分四个部分：

一、基督徒的伦理(或称"个人的责任");

二、基督徒的经济(或称"家庭的责任");

三、基督徒的教会生活(或称"教会中的责任");

四、基督徒的政治(或称"信徒对掌权者和邻舍的责任")

尽管书名针对信徒,然而,在此书的第一章,巴克斯特仍标注了这样的小标题:"对未归信者、未蒙受救恩的罪人的指导,为要使他们获得救赎恩典。"同时,他将第二章命名为"对软弱信徒的指导,从而使他们的生命获得建造和成长"。从这个角度出发,我们能够清晰地看到,《基督徒生活指南》这部巨著,准确地说,是一部关于归信之人生的巨著。

然而,我们不要简单以为巴克斯特在基德明斯特的服侍,唯独只在引人归主这一个方面。从他的自述中,我们会发现他的关注要比这宽广得多:

我每日向会众宣讲的主题,同时也是我竭力要印刻在他们心版上的,正是基督教最为基要的真理。这些真理都包含在所有信徒受洗的盟约之中,还有对于圣父、圣子、圣灵正确的知识与信心,顺服与爱慕;除此之外,我也竭力地教导他们如何去爱众人,以及如何与教会和其他肢体和睦。我每日如此事奉,是为着在他们心中培植对创造、救赎、洁净我们的上帝的认识,对上帝的爱和顺服,与普世教会的合一，对世人的爱，以及对永生的盼望。唯愿这些能够成为他们终日所思所谈的主题，从而让他们成为名副其实的信徒。[7]

我们一定不要忘记巴克斯特那福音至上的精神，他总会带领会众不断地去回顾那个关乎生死的问题：你们是否真实地愿意悔改得生？对于罪、基督、天堂、地狱这些你自认为相信的事实，你是否在严肃认真地对待？

下面，让我们来看高举福音的巴克斯特如何应用《希伯来书》11：1的经文——"信是所望之事的实底，未见之事的确据"——来向我们强调此真理。他指出，对于圣经所宣告的诸如上帝、基督、撒但、最后的审判、天堂与地狱，信心将它们视为真实的现实存在。他让所有信徒直面这样的问题："在你说自己相信有天堂和地狱时，你真的是发自内心地如此相信吗？你在思想、谈论、祷告、生活上活出你所真实相信的见证了吗？……你需要认真地来对待这样的问题……如果你知道自己将永远活在何处，知道如何获得永生，那么这将影响你今生为怎样的目标而活，以及倚靠什么活下去。"巴克斯特会邀请听众思索：如果在有生之年他们真的亲眼目睹了基督、自己肉身必会经历的死亡、自己在末后审判之日被魔鬼控告的情景，以及那些已经进入天堂或地狱之人的状态，那么，他们的日常生活将会出现怎样的改

变。下面就是巴克斯特挑战当年的会众,让他们去直面的问题:[8]

以上述的假定为前提,回答以下的问题。

1. 如果你亲眼目睹了自己所宣称相信的一切,你是否还会不愿承认即使是那最让肉体感到愉悦、有利可图的罪,实际上愚蠢无比?并因此唾弃这一切的罪?

2. 如果你亲眼目睹了自己所宣称相信的一切,你会怎样看待那最为敬虔、圣洁的生活方式?难道你还会心中抱怨这样的生活过于刻板严肃吗(长久以来人们都将这种鄙夷的标签贴在清教徒身上)?并将这样的生活更多视为履行一种宗教责任,而非值得向往的人生?难道你还会认为将自己的时间用在嬉戏娱乐上,要强于用在祷告寻求上?用在荒宴醉酒和那些可耻的情欲上,要强于用在对主的圣洁服待上?

3. 如果你亲眼目睹了自己所宣称相信的一切,你是否还会反感那些属基督的牧者,对于他们那最基于事实的责备,最发自内心的劝勉,以及最严守主道的警告和提醒充耳不闻……? 如果你真的目睹了你所信的,你必然会明白是什么在感动着这些牧者不断要求你向主回转,你也必然会看到他们是轻浮地讲道更好,还是情词迫切并严肃地向你讲道更好。

4. ……现在，我要向我的听众发出挑战，并问一个最糟糕的问题：你现在还敢去贪食好酒，追求世俗的享受吗？你现在还敢去满目情欲、骄傲自大、淫乱败坏吗？你现在还敢自在地回家逍遥，视敬虔为儿戏，并一如既往地忽视自己的灵魂吗？……

8. 哦，那对所信之事真实的一瞥，是何等增进了我们对救赎主以及他恩典的认识，并让他的应许、圣言和律例更深地刻在了我们的心版之上啊！这必会让你对基督的渴慕更进一步，吸引你快跑追随那赐生命的主，有如那将被淹死之人竭力想去抓住那些能够托起自己身体的东西一样。基督的圣名、话语与作为，这些现在看来枯燥和平常之事，对你而言是何等甘甜美好啊！

这就是最典型的巴克斯特，他的信息令许多骄傲自义的人猛然警醒。这里必须要提到他当年在英王查理二世面前讲道的经历。后者因其放浪不羁的个性被称为快活王，其宫廷上下也一样充满着不敬虔之风。然而，查理二世却最终发布命令，要求刊印巴克斯特对皇室的讲道，尽管王室的良心可能并没有受到讲道内容的感化。1875 年的纪念碑铭文称巴克斯特有着"忠实的教牧委身"。这正反映在他敢于向任何自以为是的人（哪怕对方是皇室）发出责备的勇气。巴克斯特就是这样一位牧者。

巴克斯特事工引人注目的另一个焦点，是他在教会治理方面的作为。他积极主张建立一种包容各派的国家教会，并在 1662 年之后不断与独立派人士接触协商，试图修复他们与圣公会之间的裂痕，并为此著书立说，倾注心力。在这一领域，巴克斯特并没有取得什么突出的成就。他尖锐激烈的论战风格，严重地阻碍了他试图促进教会合一的愿望，而他对别人价值观念的批判和训导也让他树敌过多。正如在刚才引用的讲道所表明的，巴克斯特在风格上显得过于直接和晦涩生硬，也使得他难以胜任连接各派教会的工作。然而，巴克斯特在进行相关议题的讨论时，所站的立场是崇高的，并且不带有任何宗派性。我们可以从英王颁布特赦令的 1672 年巴克斯特申请传道许可之时，他如下的表述中得见这一点：[9]

我所追求的信仰是那纯粹的基督教；然而，为了对抗那种教宗体制以及与之相关的一切罪恶，我要说自己是一名新教徒。

我信仰的准则，是上帝在这受造的自然以及他所启示的圣经中所彰显的律法。

我是普世教会中的一员，所有在英格兰各地以及世界其他各处的真教会都连于此普世教会。我愿尽自己一切所能，连接在这样的教会中。

有时,巴克斯特会将自己的这种立场称为"对抗宗派分裂的大公主义"。在当时,这种观念实属异类。然而,在今天,我们却钦佩巴克斯特的远见卓识,是他为后世指明了那条超越宗派主义排他性的道路。有人会把巴克斯特说成是长老会信徒,其实这种说法是完全失实的。同样,在 1662 年之后,也不能再称他为圣公会信徒。在与圣公会的关系上,他的身份实际上是一位"纯粹的不从国教者",从宗派角度而言仅此而已。在推崇教会普世运动的今天,我们尤其要来回顾巴克斯特的这种非宗派立场。

巴克斯特事工的第三个层面,表现为他关于基督教对社会公义关注的论述。在这一领域,他向我们展示出过人的才华。他通过对中世纪相关规则的革新,使之与十七世纪新教徒的需要相适应。在《基督徒生活指南》第四部分近二十万字的论述中,巴克斯特详细论及了有关治理者与民众、律师、医生、教育者、军人,有关谋杀与自杀、传谣者、盗窃犯、合同关系、借贷、买卖、利息收取、薪酬发放、地主与农户、诉讼等诸多方面,并在各式各样的社会关系中,为我们提炼出了如何服侍上帝、讨他喜悦的信仰实践原则。这些原则,都向我们一贯地表达着那种爱人如己与彼此服侍的精神;与此同时,也对人类社会中各种形式的冷漠自私与彼此倾轧设立了有效的防范。他在书中写道,任何人"都不得以低于他人劳动付出或商品价值的买入方式亏负他人",任何人也绝不应欺瞒顾客,或在他们必需的事物上迫使其消费来为自己牟利。"有人认为,一件商品的价值是由愿意出最高价的人决定的,然而这样的交易原则是错误的。""人们普遍的天性就是低买高卖(正如圣奥古斯丁所见),这实在是一种普世的罪。"[10]因此,为了佃户得以有尊严地生活,并能有空闲来关注自己的灵魂和永生,地主绝不当过分地榨取租金。对于这一点,巴克斯特在他另一本名为《穷困的农夫向富有而严酷的地主之呼吁》的小册子中又一次进行了强调。这本小册子是在他去世六周前完成的(这是他最后一部作品),并且直到二十世纪才被刊印发行。[11]

如果篇幅允许,我真希望能够细致地与你分享有关巴克斯特田园牧歌般婚姻的内容。他与一位比自己小二十一岁的贤德女性,共度了十九年相濡以沫的婚姻生活。1681年,在妻子去世几周后,巴克斯特在一篇回忆她生平的记述中说"她有一种融化一切愁苦的能力"。有关这段婚姻的记述,见于 1928 年经过 J. T. 威尔金森(J. T. Wilkinson)出色编辑的《理查德·巴克斯特与玛格丽特·查尔顿:一段清教徒的爱情故事》(*Richard Baxter and Margaret Charlton: A Puritan Love-Story*)一书。我在 2002 年也曾编辑过这段记述,并与其他关于清教徒婚姻以及他们如何战胜悲痛的文章集合出版,书名定为《从哀恸到盼望》(*A Grief Sanctified*)。巴克斯特曾这样写道,"我们结婚后,她的抑郁和忧伤便消失了。我相信,我对她的劝慰起到了一部分作用,家庭生活的满足也发挥了一定的影响,而她剩下的忧虑则完全被操持家务驱散了。我们活在圣洁的爱中，彼此相助的心有灵犀让我们备感幸福美满。"

巴克斯特对于妻子家庭服侍的描述，常常可以作为一种侧面，让我们看到他作为丈夫甘心为妻子舍己的家庭担当。并且有充分的证据向我们显明，他在这样的服侍中同样活出了美好的见证。从他关于自己那种一如既往、诚实到甚至毫无掩饰的陈述中，我们便能看到这一点："我亲爱的妻子对我的赞赏和钦佩，超出了我在她面前真实的光景。尤其在我晚年身体虚弱不堪之时，更是如此。我们人都如画作一般，经不起近距离的审视。当有人就近我们时，他们相比那些站在远处的人，更能看到我们的问题与败坏。"[12]
也许是这样吧。然而，如果将巴克斯特对自己婚姻描述中所流露出的种种细节联系在一起，你仍会发现，巴克斯特作为丈夫的尽职尽责极其值得赞赏，在今天也堪称我们的榜样。他的妻子虽然无疑是一位敬虔爱主、勤勉智慧的基督徒，然而却对他人身上的缺点极为敏感和苛刻。可以想见，巴克斯特与她的家庭生活不会是一件轻松的事。然而，在这里，我们已无暇对这个主题进行讨论了。

五

在清教徒追思礼拜的讲道中，结尾部分一般都会提到逝者生前最后几个小时是怎样度过的。这是因为，当时的人们都是在家中、众亲友的陪伴下离世的。那个时代并没有止痛药物，因此人们直到临终之际都会保持着清醒的意识。并且当时的人普遍相信，离世者在生命的最后时刻，即他们行将迈入永恒之时的行动和遗言，对于他身后的至亲之人而言有着极为特殊的意义。因此，清教徒的追思礼拜并非是葬礼的挽歌，而是喜乐的颂赞。并且，在我看来，这也是最符合清教徒精神的辞世方式。现在，让我们将目光转向巴克斯特离世时的情景。在离世前一天，他仍像四十多年来所坚持的那样，默想着天堂的美好，对于《希伯来书》12：22—24 关于新耶路撒冷的描述心驰神往。在先后和两位探访者的交流中，他都说这段经文"值得千千万万次去默想"，并且对所有来探望他的人，他都会说"我有平安，我有平安"。对于他著作所赢得的赞誉，他极其谦卑地表现出完全的漠视，他说，"我不过是上帝手中的一支笔，你要将怎样的赞美归于笔呢？"在他最后四年的侍奉中，马太·西尔维斯特一直作为助理牧师陪伴在他左右。在临终的病痛中，巴克斯特这样劝勉他，"我感谢主，我感谢主，愿他教导你如何面对死亡。"对于这位西尔维斯特，我要再多说两句。在巴克斯特追思礼拜的讲道中，他所讲的主题是关于以利亚的话语，"以利亚的上帝耶和华在哪里呢？"他结尾时对末日的复活充满了盼望（那一天也无疑是上帝的众儿女与主联合的日子），并大声呼求道：

我该怎样才能良心平安地去面见我们的以利亚和他的上帝呢？难道我的眼目不需要向内省察，向上仰视，向前盼望，向后数算并四处寻看吗？难道我不该竭力地去获知自己的呼召，永生的确据，人生的艰难，上帝的托付、劝慰和激励吗？难道我不该去告诉别人自己所信的？……去践行自己所传讲的吗？并效法那些属灵先贤，尽自己一切的才智、辛勤和忠心来拓展基督国度的疆界吗？[13]

巴克斯特所树立的那种服侍三一上帝的勇往直前的精神，不断影响着后世的基督徒，正如当年深刻地影响了西尔维斯特一样。他的榜样将会让信徒在成圣和服侍的人生道路上力上加力，有条不紊，并让他们对自己的漫无目的、闲散松懈和"属灵漂泊"警觉起来。单单为着这样的缘故，我们都应该去纪念巴克斯特，而能以如此概要的方式向读者介绍这位属灵伟人更成为我的殊荣。凭着我对他的了解（这差不多可以追溯到七十年前），我要向你们所有人，无论是牧者，平信徒，年轻基督徒，或是年长基督徒，如此进言："走入巴克斯特的生命，去认识这位属灵伟人吧，他会让你受益终身。"

后记
清教徒牧者的道路

一

我们不时会听到少数人发出这样的真话：在世界各处，上帝的教会将伴随着一代信徒的离世而走向绝迹。然而，大多数信徒对于这样的警告极其漠然。事实上，这绝不是危言耸听，要证明这种判断也并非难事。如果牧师不再将他们的精力用在教导真理、传讲福音和引人得救上；如果为人父母的基督徒不再努力同孩子分享他们的信仰，而信徒们也不再与自己周围的人分享福音；如果以福音为核心的生活方式被人们抛弃；如果圣经和属灵著作被人们束之高阁；如果基督徒只安于按照世界的定义去做这个世界的好人；那么，你认为教会还能存续多久呢？能延续到下一代人成长起来吗？对此我表示怀疑。难道你没有注意到，基督教在西方社会正踏上这条走向消亡之路吗？对我而言，这是不争的事实。那么该如何来扭转这种趋势呢？在我看来，今日教会所能做的唯一的事，就是重新拥抱清教徒教牧侍奉的理念。若不做这样的努力，基督教的衰落将在所难免。

我这样说，特别指向我所谓的"传统西方"(Old West)，即自宗教改革时代以来在西欧、北美、澳大拉西亚与南非的主要新教群体（路德宗、圣公会、长老会和浸信会）。今天，在非洲中部和亚洲，信徒也逐渐通过对圣经的查考而领会到清教徒教牧理念的宝贵，并在种种敌对与尖锐的社会文化（尤其是伊斯兰教）逼迫之下，开始积极地推动此理念的实现。然而，与这种情况形成鲜明对比的是，今天的西方社会进入了一种后基督教、世俗化、物质主义、盲目自大、价值缺失的时代。在今天的西方社会中，圣经信息已成为众人嗤之以鼻的笑谈，教会不断被边缘化和成为少数人的聚集。有太多的教牧人员认识到，教会的事工已全面地进入守势，因此自己所做的不过是尽力来维持机构运转。如果能更进一步的话，充其量也就是尽力让会众心情愉悦罢了。如果有教牧人员发现自己达不到这样的目标，那么等待他的就将是筹款不利，教堂关门，会众分散，他们自己也将被迫离开牧职，另谋生计。还有一些继续工作于教会讲台并坐等退休的人，他们所求的不过是能获得一份养老金，衣食无忧地安度晚年。然而,与此同时,西方教会的整体状况却惨不忍睹,且随着会众趋向老龄化而人数越来越少,教会愈发趋于穷途末路之境地。

可以说,今日的牧者,这个教会属灵领袖的群体,大部分已迷失了方向,而一旦领袖们迷失了方向,普通会众就会失去盼望。因此,在这里,我要强调清教徒教牧理念。这理念根植于新约圣经的启示,反映着基督教永恒的信仰核心,是今日教会奋兴、人心苏醒的基础。若离开了这样的根基,教会必将步入日渐衰弱、最终绝迹的命运。下面,我将继续阐明这样的观点,以此作为本书的结束。

二

那么,我们该怎样表述这种清教徒教牧理念呢?本书前面的内容已经笼统地对其加以限定,然而若要对此概念达到全备准确的认识,我们就不得不像对其他神学主题的求索一样,求教于约翰·欧文这位公认的最伟大的清教徒神学家——他或许也堪称英国历史上最伟大的神学家。在他的一本名为《福音教会之本质》(*The True Nature of a Gospel Church*, 1689)的晚期论著中,有一章题为"教会牧者的特殊职分"。其中,他明确列出了上帝所教导的牧者的"工作描述":

1. 牧者首要的职分就是去竭力传讲上帝的话语,牧养主的群羊……一个人按着圣经的真理在带领教导一群人,那么这个人就是这群人的牧师……

对此职分有如下要求:(1)对福音的奥秘有属灵的洞察……(2)牧者需要向自己的灵魂传讲上帝的话语,让这道深入他的内心,从而**对真理的大能有真实的经历**。如果没有这种经历,牧者便不会有生命的见证和内心的火热……唯有那些能感动牧者自己灵魂的讲道,才能感动他人……如果上帝的道未曾首先在我们里面造成震动,那它就不可能借着我们影响他人。(3)牧者需要具备**正确分解上帝话语**的能力(参提后2:15)。这一点表现在牧者所具有的实践智慧,时时求教于上帝的真理,从而明确哪些内容对于会众灵魂的需要而言是切实、有益的,并按着教会信徒的不同需要来调和讲台的信息。这需要(4)牧者对于教会群羊状况有**深入细致的了解**……明确他们属灵生命的强弱,对上帝知识的长进或缺乏(根据会众达到的程度来确定是给他们喂灵奶,还是为他们提供干粮),他们的试探和呼召,他们灵命上的失败或挣扎。牧者对会众个人生命状态的认识不应只是笼统的,而应尽可能切近……(5)牧者在履行以上一切职分时,都需要显出他对**上帝荣耀的向往以及对世人灵魂的关切**。牧者在教会中传讲上帝话语的同时,也在将自己显明于会众的心思之中。如果牧者的心灵深处缺乏对上述两点真实的操练和经历,那么他们的讲道便失去了生命和灵魂,无法深入人心。

2. 牧者对于教会群羊的第二项职分,就是持续不断地为他们迫切祷告(参雅 5：16；约 17：20；出 32：11；申 9：18；利 16：24；撒上 12：23；林后 13：7,9；弗 1：15—19,3：14；腓 1：4；歌 1：3；帖后 1：11……)。为教会切切不断地祷告是所有牧者义不容辞的责任,因为若离开恳切的祷告,他们所成就的任何事情在耶稣基督的眼中都不会有价值。在此职分中,我们要特别关注：(1)**让上帝的话语被高举**,以及信徒因此而蒙受的诸般祝福。这些祝福反映在他们一切属灵品格的提升和坚固,他们对自己责任的明确,他们在信心和爱心上得造就,以及与这些密切相关的上帝的生命在他们灵魂中的体现,并让他们因此以上帝为乐……(2)**教会所普遍面临的种种试探**……(3)**会众的特殊情况**……(4)**在会众聚集时基督的同在**……即他借着圣灵与我们同在。依循着教会的敬拜原则,上帝在信徒当中将展开他满有恩典的工作,这表现为他在会众心中所赐下的一切感动与光照。(5)**他们在信心、爱心和一切属灵美德上的恒忍**……

3. 上帝将**盟约的印**交由牧者管理,因他们是基督家中的管家……

4. 对于牧者而言,保守信仰的纯正和福音的真理是他们义不容辞的责任……

5. 牧者有职责**为着灵魂向主的归信而尽心竭力**……

6. 所有信徒都当时刻**预备自己有爱心且有智慧地去安慰、劝导那些落在试探中**，与上帝隔绝的肢体，他们因恐惧而不安，陷入悲伤之地，处在试炼和远离主的光景中……在这些人之中，有些人因为与上帝隔离而长久地陷于黑暗与忧虑之中；有些人徘徊在向主悔改的窄门附近，但与此同时他们却对上帝有一种极深的恐惧，不愿去承受那认罪的扎心之痛，并对自己的处境与光景充满了犹疑；有些人反复犯罪跌倒，难以担当上帝的托付；有些人一直处在极其痛苦并难以平复的软弱之中；有些人因为某些突然的遭遇而陷于极大的困顿与愁苦之中；有些人出于上帝主权的作为，而被他所暂时抛弃，掩面不顾；有些人则经历着**撒但的搅扰**，承受着来自于它的各种亵渎之思想与试探的攻击……对于这类情况牧者承受着这样的职分：

(1) 对信徒在此类属灵问题中的各种表现有正确的认识。 牧者需要具备相当的能力、智慧和经验，对以下诸方面有全备的认识：圣灵上帝在人心中工作的性质，圣灵和肉体的争战，魔鬼撒但的诡计，空中掌权的灵或邪灵的伎俩，一切属灵之事的性质、果效和目的，以及上帝向信徒暂时的隐藏。从而对这类属灵病症能有智慧的分辨,并给予信徒劝慰和医治。

(2) 时刻预备好,去面对会众中各种特殊的属灵景况……

(3) 以忍耐柔和的心去劝导那些灵里软弱、无知、愚钝、小信的信徒,帮助他们建立信心,并在主里得着满足的盼望。无疑,牧者在帮助这些受试探之人时,会遇到许多的冲撞与不快……

牧者在履行自己的各种职分时,没有任何职分会比此项职分更加重要,或更能反映主耶稣基督的形象……此项职分即……

7. 与会众中所有陷于困苦、试练中的信徒一同受苦……

8. 对穷苦者的关怀、对患病者的探访即属于此职分。人人都知道该如此行,然而却常常忽视……

11. 牧者在言谈上当有谦卑、圣洁的榜样,并竭力追求完全的敬虔与诚实。如果没有这样的见证,他一切的作为既不能成为众人的益处,也无法被大牧者耶稣基督所悦纳……[1]

三

在我印象中,詹姆斯·莫法特(James Moffatt)曾说过"欧文的思想有如幽深的湖水一般"。其实,这样的描述无论出于谁,都是极其准确到位的。欧文的作品中时常出现的艰涩的长句,以及他专为描述事实而缺乏情感色彩的用词,使其作品与其他清教徒牧者的作品相比,明显缺乏对读者的吸引力。对于那些习惯于今日形象生动文风的读者而言,欧文的书读起来确实比较吃力。然而,在分析的准确、透彻和深度方面,欧文的文字即使有时稍显冗长,但仍堪称卓越。从上文我对他教牧职分描述的粗略引述中,我们都能领略到他思想中那令人叹服的品质。尽管他的风格倾向理性和学术,然而他的论述真实反映了他(在福特汉姆和科吉歇尔)公开服侍多年的教牧经验。此外,他的观点也反映着清教徒主流思想。将他关于牧者职分的概论与巴克斯特《归正的牧者》第二章"看护上帝的群羊"的大纲相对照,这一点会更加明确。这个大纲在威廉·布朗版的《归正的牧者》中被作为目录使用。巴克斯特 1656 年完成了这本书,时隔三十年后,欧文才阐述了他对于牧者职分的认识。尽管如此,他们思想上的一致性仍是显著的。

看护上帝的群羊

第一部分:这看护的实质

这看护涵盖了所有属上帝的信徒:

1. 我们必须为未悔改之人的悔改归主而尽心竭力。

2. 我们必须回答那些认罪悔改者的疑问,给予他们属灵的建议。

3. 我们必须学习如何去坚固那些与上帝恩典有份之人的生命。

4. 我们必须对会众的家庭予以关注和照料。

5. 我们必须时常去探访患病的肢体。

6. 我们必须在责备、劝诫那些抵挡真理者的事上尽忠。

7. 我们必须谨慎地执行教会纪律。

第二部分：看护的方式

牧者开展一切的教牧服侍必须：

1. 单单为上帝而做，单单为了灵魂得救。

2. 勤勉，奉献不倦。

3. 有智慧，按次序规规矩矩地行。

4. 定睛于最重要之事和最必要之事。

5. 注重简洁和清楚。

6. 时刻谦卑。

7. 既要柔和，又不失严肃。

8. 时刻带着真诚、迫切与火热。

9. 充满对主内肢体的关怀之爱。

10. 凡事忍耐。

11. 时刻敬畏主。

12. 定睛在属灵的福分上。

13. 对得胜充满渴望与确信。

14. 深深意识到我们自己的不足以及需要信靠基督。

15. 与其他的牧者合一。

第三部分：看护群羊的动机

1. 因着我们和群羊的关系——我们是那看守羊群
   的人。

2. 因着这关系的动因——上帝的圣灵。

3. 因着交托予我们之对象的尊贵——上帝的教会。

4. 因着为教会付出的代价——教会乃是用他的宝血
   所买赎的。[2]

约翰·欧文与理查德·巴克斯特在一些非原则性的问
题(如当时英格兰教会的组织治理方式,以及有关上帝恩典
教义的描述细节)上存在差异,但是在对教牧服侍的认识
上,他们二人却几乎完全一致。对他们而言,教牧圣职的呼
召意味着牧者必须始终如一地活出完全专注于主的信仰委
身。这种委身要求牧者尽心尽意地去爱并服侍那位圣洁、
恩慈并掌管一切的至高上帝。与此同时,它也要求作为上
帝施恩管道的牧者,要去就近、帮助那些穷乏之人。牧者需
要看到自己被上帝分别为圣的身份。上帝呼召他们,专门
是为着传讲圣经的真理,教导众人认识基督,并本着那默示
于圣经的圣道去劝慰人,引导罪人悔改,在主里牧养并看顾

他们,为他们祷告,将属灵的智慧带给他们。与此同时,牧者还要以身作则成为他们敬虔的榜样,并带领他们一生颂赞上帝,忠诚爱主,活在基督的纯全、谦卑、成熟与喜乐之中。此外,牧者还要面对自身处境中所遭遇的特定挑战,为着持守并彰显纯全的真理,为主去打那美好的仗。在后记开篇时我曾提问:今日的牧者如果不具备上述的品质,无法效法清教徒牧者典范,教会还能继续存在下去吗? 在本书的结尾,我愿将这个发人深省的问题留给所有的读者去思考。[3]

注释

第二章　斯蒂芬·查诺克：《被钉十架的基督》

1. *Works of Stephen Charnock* (Edinburgh: James Nichol, 1864), I. xxiv.

2. Ibid. , I. xxv.

3. Ibid. , I. xxiv.

4. Ibid. , I. xxiii.

5. *Christian Hymns* (Bridgend: Evangelical Movement of Wales, second ed. , 1985), nos. 203, 197, 540.

第七章（上）　托马斯·波士顿：《得人如得鱼的艺术》

1. *Memoirs of Thomas Boston* (Banner of Truth, 1988), p. 48.

2. Ibid. , p. 10.

3. Ibid.

4. Ibid. , p. 11.

第八章　威廉·帕金斯:清教徒先驱

1. Intro. and ed. , Ian Breward, *The Work of William Perkins* (Abingdon: Sutton Courtenay Press, 1969), xi, p. 130.

2. William Haller, *The Rise of Puritanism* (New York: Columbia University Press, 1938), p. 65; 引自 Thomas Fuller, *Abel Redevivus*, 1651, p. 434。

3. Tr. and ed. J. W. Beardslee, *Reformed Dogmatics* (New York: Oxford University Press, 1966), pp. 274 - 275.

4. Benjamin Brook, *The Lives of the Puritans* (1813, repr. Pittsburgh: Soli Deo Gloria, 1994), II. p. 130.

5. Thomas Fuller, *The Holy State* (1642), p. 89.

6. Samuel Clarke, *The Marrow of Ecclesiastical History* (1654), pp. 416 - 417; 引自 Breward, opcit. , 9 - 10, 使用了现代拼写法。

7. Fuller, p. 90.

8. *The Workes of that Famous and Worthy Minister of Christ in the Universitie of Cambridge Mr William*

Perkins (1616), I. pp. 32 – 69.

9. Breward, p. 147.

10. Breward, p. 355.

11. Works, I. p. 454. 对帕金斯文字的引用,关于悔改的论文见 pp. 453 – 474。布拉德福德的讲道见 *Works of John Bradford: Sermons and Treatises* (Cambridge: Parker Society, 1848, repr. Edinburgh: Banner of Truth, 1988), pp. 20 – 81。亚瑟·丹特(Arthur Dent)是 *The Plain Man's Pathway to Heaven* (1601) 一书的作者。约翰·班扬妻子的嫁妆是两本属灵著作,其中一本正是此书,这本书从未再版。

12. Workes, III. 1f. (1613). 这篇论文在 pp. 1 – 152。

13. A. Lang, *Puritanismus und Pietismus* (Neukirchen Kreis Moers, 1941), pp. 126 – 131; 参考 Breward, p. 131。

14. Breward, pp. 405 – 410; Workes, I. pp. 642 – 644。维克多·施特格里乌(Victor Strigelius)是一位在海德堡教授神学的路德宗神学家。帕金斯在说了自己将引用了施特格里乌的这六条"默想原则"之后,又加上了他个人总结的第七条:"上帝一切的工作都是以看似相反的方式成就的。"这显然是在表达,当上帝按着他的旨意行事时,发生的一切通常看上去都和他的旨意相冲突,正如基督的被钉十字架粉碎了撒但的权势,然而看上去却好像是被撒但击败了一样。

15. Breward, p. 481. 这篇论文题为 *Epieikeia*，所根据的经文是《腓立比书》4：5。

16. R. T. Kendall, *Calvin and English Calvinism to 1649* (Oxford: Oxford University Press, 1979), p. 54.

17. Ibid.

18. "所以，信心正确的定义就是：它是上帝对我们施慈爱的明白和确定的知识，这知识建基于上帝在基督里白白赏赐我们之应许的真实性，且这应许由圣灵向我们启示并印在我们心中。"见《基督教要义》，III. ii. 7。

19. Kendall, p. 74 f.

20. Breward, p. 47, 参见 Perkins, *Workes*, II. 55f, I. 484, III. 220, 从中可见我用斜体字引用的内容。请读者务必参考布劳沃德关于帕金斯释经方法的评论。这种释经方法，在帕金斯独具创见的讲道手册 *The Art of Prophesying* (1607; in Latin *Prophetica*, 1592) 一书以及他出版的释经作品中，有着清晰的体现。

21. 对"堕落前预定论"最尖锐的批评，见 B. B. Warfield, *The Plan of Salvation* (revised ed., Grand Rapids: Eerdmans, 1966), p. 88："上帝创造一切受造物的目的（在那些支持堕落前预定论者的眼中）都是为着最终的拣选或弃绝，而上帝对于一切受造物的定旨先见在他们看来也仅仅是为达成上帝拣选或弃绝的心意。"

22. Breward, p. 279.

第九章 理查德·巴克斯特：全面的事工开拓者

1. *Reliquiae Baxterianae* (*RB*),前言, 1696, sec. 2, p. 2。

2. 引自 *The Autobiography of Richard Baxter*, ed. J. M. Lloyd Thomas (London: J. M. Dent, 1931), pp. 106, 107f, 112, 115, 117, 118f, 125, 130f。N. H. Keeble 重新编辑了这本巴克斯特自传的简略版 *RB* (London: J. M. Dent, Everyman's Library, 1974)。

3. 具体细节根据一位见证人的陈述,见 *Autobiography*, pp. 258 – 264。

4. 引自 *Autobiography*, p. 298。

5. *RB*, part 1, pp. 21, 84 f.

6. Ibid, p. 89.

7. Ibid, p. 93 f.

8. *Practical Works* (Ligonier PA: Soli Deo Gloria, 1991), III. p. 585 f.

9. *Autobiography*, p. 293.

10. *Puritanism and Richard Baxter*, Hugh Martin (London: SCM Press, 1954), p. 173.

11. 出版时名为 *The Reverend Richard Baxter's Last Treatise*, ed. F. J. Powicke (Manchester: John Rylands Library, 1926)。

12. *Richard Baxter and Margaret Charlton*, ed. J. T. Wilkinson (London: George Allen and Unwin, 1928), pp. 110, 152. *A Grief Sanctified*, ed. J. I. Packer (Wheaton, IL: Crossway, 2002), pp. 90, 127.

13. Matthew Sylvester, *Elisha's Cry after Elijah's God*, 附录于 *RB*, p. 18。

后记：清教徒牧者的道路

1. John Owen, *Works*, ed. William H. Goold (London: Banner of Truth Trust, 1968), XVI, pp. 74 – 89.

2. Richard Baxter, *The Reformed Pastor*, ed. William Brown (Edinburgh: Banner of Truth Trust, 1974), pp. 28 – 29.

3. 在上文所引的那本欧文写于十七世纪八十年代的著作中,有一段值得我们深思的文字:"当前信仰的衰败表现在信仰所见证之能力、美德与荣耀在各处的下滑,它主要是由此原因所致:即大量从事教牧服侍的人既无法胜任这呼召,又不愿去竭力承受与之相应的职分。'有怎样的祭司,就有怎样的民众',这句话是真的。"(第 89 页)

图书在版编目(CIP)数据

清教徒肖像/(美)巴刻(Packer, J. I.)著;孙为鲲译.
—上海:上海三联书店,2024.4 重印
ISBN 978-7-5426-5466-3

Ⅰ.①清… Ⅱ.①巴… ②孙… Ⅲ.①基督教
徒-介绍 Ⅳ.①B979.9

中国版本图书馆 CIP 数据核字(2016)第 015825 号

清教徒肖像
——论清教徒典范牧者与教牧经典

著　　者 / J. I. 巴刻
译　　者 / 孙为鲲
丛书策划 / 橡树文字工作室
特约编辑 / 刘　峣
责任编辑 / 邱　红　李天伟
装帧设计 / 周周设计局
监　　制 / 姚　军
责任校对 / 张大伟

出版发行 / 上海三联书店
　　　　　　(200041)中国上海市静安区威海路 755 号 30 楼
邮　　箱 / sdxsanlian@sina.com
联系电话 / 编辑部:021-22895517
　　　　　　发行部:021-22895559
印　　刷 / 上海惠敦印务科技有限公司

版　　次 / 2019 年 4 月第 1 版
印　　次 / 2024 年 4 月第 5 次印刷
开　　本 / 890mm×1240mm　1/32
字　　数 / 150 千字
印　　张 / 8.5
书　　号 / ISBN 978-7-5426-5466-3/B·461
定　　价 / 45.00 元

敬启读者,如发现本书有印装质量问题,请与印刷厂联系 021-63779028